Marta Helena Facco Piovesan

# A Construção de
# IDENTIDADES
(Des)encontros no Sul do Maranhão

Marta Helena Facco Piovesan

# A CONSTRUÇÃO DE IDENTIDADES:
(des)encontros no sul do Maranhão

Editora CRV
Curitiba – Brasil
2020

Copyright © da Editora CRV Ltda.
**Editor-chefe**: Railson Moura
**Diagramação e Capa**: Diagramadores e Designers CRV
**Arte de Capa**: Freepik
**Revisão**: Analista de Línguas CRV

DADOS INTERNACIONAIS DE CATALOGAÇÃO NA PUBLICAÇÃO (CIP)
CATALOGAÇÃO NA FONTE
Bibliotecária responsável: Luzenira Alves dos Santos CRB9/1506

P662

Piovesan, Marta Helena Facco.
    A construção de identidades: (des)encontros no sul do Maranhão / Marta Helena Facco Piovesan – Curitiba : CRV, 2020.
174 p.

    Bibliografia
    ISBN Digital 978-65-5578-458-9
    ISBN Físico 978-65-5578-455-8
    DOI 10.24824/978655578455.8

    1. Construção de identidades 2. Narrativas 3. Balsas-MA 4. Discursos I. Título II. Série.

CDU 316                                                      CDD 301.2

Índice para catálogo sistemático
1. Construções de identidades 301.2

ESTA OBRA TAMBÉM ENCONTRA-SE DISPONÍVEL
EM FORMATO DIGITAL.
CONHEÇA E BAIXE NOSSO APLICATIVO!

2020
Foi feito o depósito legal conf. Lei 10.994 de 14/12/2004
Proibida a reprodução parcial ou total desta obra sem autorização da Editora CRV
Todos os direitos desta edição reservados pela: Editora CRV
Tel.: (41) 3039-6418 – E-mail: sac@editoracrv.com.br
Conheça os nossos lançamentos: **www.editoracrv.com.br**

## Conselho Editorial:

Aldira Guimarães Duarte Domínguez (UNB)
Andréia da Silva Quintanilha Sousa (UNIR/UFRN)
Anselmo Alencar Colares (UFOPA)
Antônio Pereira Gaio Júnior (UFRRJ)
Carlos Alberto Vilar Estêvão (UMINHO – PT)
Carlos Federico Dominguez Avila (Unieuro)
Carmen Tereza Velanga (UNIR)
Celso Conti (UFSCar)
Cesar Gerónimo Tello (Univer. Nacional Três de Febrero – Argentina)
Eduardo Fernandes Barbosa (UFMG)
Elione Maria Nogueira Diogenes (UFAL)
Elizeu Clementino de Souza (UNEB)
Élsio José Corá (UFFS)
Fernando Antônio Gonçalves Alcoforado (IPB)
Francisco Carlos Duarte (PUC-PR)
Gloria Fariñas León (Universidade de La Havana – Cuba)
Guillermo Arias Beatón (Universidade de La Havana – Cuba)
Helmuth Krüger (UCP)
Jailson Alves dos Santos (UFRJ)
João Adalberto Campato Junior (UNESP)
Josania Portela (UFPI)
Leonel Severo Rocha (UNISINOS)
Lídia de Oliveira Xavier (UNIEURO)
Lourdes Helena da Silva (UFV)
Marcelo Paixão (UFRJ e UTexas – US)
Maria Cristina dos Santos Bezerra (UFSCar)
Maria de Lourdes Pinto de Almeida (UNOESC)
Maria Lília Imbiriba Sousa Colares (UFOPA)
Paulo Romualdo Hernandes (UNIFAL-MG)
Renato Francisco dos Santos Paula (UFG)
Rodrigo Pratte-Santos (UFES)
Sérgio Nunes de Jesus (IFRO)
Simone Rodrigues Pinto (UNB)
Solange Helena Ximenes-Rocha (UFOPA)
Sydione Santos (UEPG)
Tadeu Oliver Gonçalves (UFPA)
Tania Suely Azevedo Brasileiro (UFOPA)

## Comitê Científico:

Afonso Cláudio Figueiredo (UFRJ)
Andre Acastro Egg (UNESPAR)
Andrea Aparecida Cavinato (USP)
Atilio Butturi (UFSC)
Carlos Antônio Magalhães Guedelha (UFAM)
Daniel de Mello Ferraz (UFES)
Deneval Siqueira de Azevedo Filho (Fairfield University, FU, Estados Unidos)
Jane Borges (UFSCAR)
Janina Moquillaza Sanchez (UNICHRISTUS)
João Carlos de Souza Ribeiro (UFAC)
Joezer de Souza Mendonça (PUC-PR)
José Davison (IFPE)
José Nunes Fernandes (UNIRIO)
Luís Rodolfo Cabral (IFMA)
Patrícia Araújo Vieira (UFC)
Rafael Mario Iorio Filho (ESTÁCIO/RJ)
Renata Fonseca Lima da Fonte (UNICAP)
Sebastião Marques Cardoso (UERN)
Simone Tiemi Hashiguti (UFU)
Valdecy de Oliveira Pontes (UFC)
Vanise Gomes de Medeiros (UFF)
Zenaide Dias Teixeira (UEG)

Este livro passou por avaliação e aprovação às cegas de dois ou mais pareceristas *ad hoc*.

Dedico esta obra ao meu Pai e à minha Mãe (*in memoriam*), que sempre acreditaram que o conhecimento transforma. Ao meu esposo Valmor pela parceria de uma vida inteira e aos meus filhos, Guilherme e Bruno, nosso bem mais precioso.

# AGRADECIMENTOS

A realização desta obra contou com importantes apoios sem os quais não teria se tornado uma realidade e aos quais serei eternamente grata.

Agradeço primeiro a Deus, força infinita, que me deu a vida e, depois, mais uma oportunidade para continuar e poder estar aqui concluindo este trabalho.

À minha Instituição, Universidade Estadual do Maranhão – UEMA, em nome do Magnífico Reitor Prof. Dr. Gustavo Pereira Costa, que nunca mediu esforços para capacitar seu corpo docente.

À Universidade Vale do Rio dos Sinos – UNISINOS, aos coordenadores e professores do Programa de Pós-Graduação em Linguística Aplicada, por nos acolher e oferecer um ensino de qualidade reconhecido nacional e internacionalmente pela excelência em pesquisa e inovação.

À professora Dra. Dorotea Frank Kersch, minha primeira orientadora, que acreditou que minha pesquisa seria possível.

Ao professor Dr. Caio Mira, meu orientador, por sempre estar presente para indicar a direção correta que o trabalho deveria tomar e pelas valiosas contribuições dadas durante todo processo de construção da tese que originou este livro.

Aos meus colegas da UEMA, do Campus de Balsas, e ao Departamento de Letras pelo incentivo e apoio durante esse período.

Agradeço à minha família, principalmente a Valmor, Guilherme e Bruno, que sempre me incentivaram em todas as situações e compreenderam minha ausência em muitos momentos de suas vidas.

"O importante e bonito do mundo é isso: que as pessoas não estão sempre iguais, ainda não foram terminadas, mas que elas vão sempre mudando. Afinam e desafinam"
João Guimarães Rosa (2009).

# SUMÁRIO

PREFÁCIO ............................................................................................. 15
*Maria Célia Dias de Castro*

1. INTRODUÇÃO ................................................................................... 19

2. A MIGRAÇÃO NO BRASIL: um breve histórico ............................... 27

3. NARRATIVAS COMO CONSTRUÇÕES DISCURSIVAS SITUADAS EM CONTEXTOS INTERACIONAIS ................................................... 57

4. AS IDENTIDADES CONSTRUÍDAS NOS DISCURSOS ................... 73

5. METODOLOGIA ................................................................................. 85

6. ANÁLISE DOS DADOS ................................................................... 101

CONSIDERAÇÕES FINAIS ................................................................. 149

REFERÊNCIAS .................................................................................... 155

ANEXO
CONVENÇÕES DE TRANSCRIÇÃO ................................................... 165

ÍNDICE REMISSIVO ............................................................................ 167

# PREFÁCIO

O presente livro representa anos de estudos e dedicação no âmbito da Linguística Textual sobre as narrativas e vem consubstanciar uma conquista da parceria estabelecida entre a UEMA e a UNISINOS, no ano de 2016. O propósito é trazer a lume as construções de identidade por maranhenses balsenses diante de uma realidade migratória acelerada que caracterizou o sul do Maranhão, desde o primeiro quartel da década de 70 do século passado, um estudo realizado via compartilhamento social de linguagem, precisamente pelas narrativas produzidas interativamente e ressignificadas pelos interlocutores cujas vozes aqui se fazem presentes.

O livro inicia-se com uma introdução panorâmica e esclarecedora e nos situa em um contexto de interrogações que norteiam o desenvolvimento da pesquisa: "Quem é esse povo formado por tantos? É possível traçar uma identidade balsense? E ainda, "Como as identidades dos balsenses são construídas linguística e textualmente nas narrativas?"; um contexto de busca pelos "discursos construídos especificamente pelos participantes que nasceram em Balsas", os quais nos "remetem às suas histórias e à de migrantes que se estabeleceram em uma nova região, em que as redes de trabalho e os estilos de vida do local são recriados e modificados no novo mundo"; estas são figuras cujo maior valor se dá pelo fato de serem "vistos sob o olhar do homem natural da região, envolvido diretamente nesse processo"; um contexto de dúvidas, posto que "falar da realidade vivida é colocar em pauta os sentimentos de pertencimento, é trazer as diversas sensações despertadas pela memória, mesmo que seja de vulnerabilidades sociais, de valores que permeiam as relações entre as pessoas e a forma como se dá a sua conexão com o mundo".

O capítulo seguinte inicia discutindo as migrações em território brasileiro até situar-se na região Meio Norte, a Pré-Amazônia nordestina, processo este fundante da sociedade brasileira e de suas regionalidades, seminais no constructo das identidades, da alteridade, de estórias de vivências de sujeitos que se desloca(ra)m movidos pelo desejo, entre outros, de ascensão econômica e social. Essas movências são vivências que se tornam singulares, únicas, ao mesmo tempo que compartilhadas. As fronteiras são percebidas muito melhor como uma articulação num *continuum* identitário do espaço sul e norte, do tempo presente e passado, do movimento de fluidez e resistência, dessa forma, numa articulação meio ambiente, homem, língua, cultura e sociedade que vão se relocalizando e se reconstruindo.

Essa discussão suscita um aporte teórico ricamente embasado para desenvolver as análises das narrativas com estudos já consagrados e atuais sobre um modo inerente da expressão humana – as narrativas que se constroem discursivamente situadas nos contextos de interação e as identidades que se constroem nesses discursos.

Os aspectos metodológicos explicitados pela autora são um necessário alicerce da obra, pois desenham principalmente o roteiro de como se deram as interações entre Marta e os interlocutores Gabriel, Luiz, José, João, Maria, Nora e Vitória; de como essas narrativas são sistematizadas de forma que os saberes fossem compartilhados e que a interface dos discursos decorresse como prática sociocultural. Vê-se um diálogo profícuo do rigor da ciência linguística e da leveza dos saberes cotidianos à luz do qual essas identidades são compreendidas e servem de escopo central para um desenho da própria identidade da autora.

Assim, vai-se seguindo a visibilidade de identidades que se encontram, que se reconstroem, se redesenham, apreendidas por meio de catalizadores como as referenciações discursivas e os posicionamentos dos narradores através desse olhar que se centra no homem, o qual se faz representar pela experiência narrativa, nesse contexto de novas territorialidades. Das narrativas decorre uma reconstrução de eventos.

No decorrer do texto a autora revela sua identidade eminentemente híbrida, em que afirma ter partido "da compreensão de que as identidades não são unificadas e que envolvem diretamente o trabalho discursivo" em que linguista, historiadora, poetisa, gaúcha e maranhense se confundem, talvez, como afirma Vitória, num processo de marauchização crescente e perene que revela esse mosaico multicultural. Também vai se confundindo com os próprios colaboradores, envolvendo-se nas histórias, na cultura, sendo agentiva das instituições a que se vincula (UEMA/UNISINOS). Parafraseando Hall (2006), a autora sente os sentidos das narrativas contidos nas histórias contadas, nas memórias afloradas com imagens construídas pelos participantes que as levam e à própria autora a conectarem presente e passado, como a autora afirma, perpassando "múltiplas experiências da trajetória da própria vida desta pesquisadora. Sou gaúcha, nasci em Nova Palma [...]". O olhar dócil e complacente enxerga com ternura o novo lócus "O cenário das histórias aqui contadas não é de uma terra castigada pela aridez como é tema recorrente nas pautas da mídia quando se refere ao Nordeste, mas de uma região próspera do Sul do Maranhão, que pertence à Amazônia Legal". A gratidão permeia sua narrativa "fui acolhida e integrada à cultura local, tornando-me cidadã balsense", em que percebe que "os deslocamentos espaciais interestaduais e intrarregionais das pessoas continuam sempre motivados por um desenvolvimento ou oportunidade de uma vida melhor".

Certamente que o caminho trilhado logrou uma riqueza de caráter particular, único, um conjunto de saberes instituídos e reconstruídos que se mobilizam em vivências fluidas, movediças. As narrativas legitimam "as realidades dos atores sociais", ao mesmo tempo em que a obra legitima uma percepção diferente, inovadora das resultantes do movimento migratório, pois vê os elementos constituidores da narrativa não apenas pelos saberes convencionais da ciência, mas pelos saberes cotidianos, construídos nas práticas discursivas dos sujeitos socioculturais da entrevistadora e dos colaboradores, em que não percebe um desbravamento de fronteiras, não vê as terras nordestinas como inóspitas, não percebe obscuridade, mas um ambiente promissor, hospitalidade, leveza.

A autora não desconsidera o problema da destruição da natureza, dos diferentes modos de vida; percebe os espaços menos como fronteiras e mais como *continuum*, que reconstitui-se, como quando João afirma que "os gaúchos viraram maranhenses e os maranhenses viraram gaúchos"; afasta-se, como ela própria afirma, "de uma concepção essencialista de identidade como fixa e imutável".

O livro tem caráter interdisciplinar – lidei a todo momento com descritores como *cultura, (des) construção, fronteiras, homem, identidade, língua, meio ambiente, natureza, sociedade* – e desperta interesse não apenas dos graduandos, pós-graduandos, linguistas, professores da rede pública e particular de ensino, como também de antropólogos, literatos, sociólogos, historiadores e, essencialmente, de todos aqueles que se interessam pelos processos de construção social de um povo, inserido em suas circunstâncias ambientais, linguísticas e mentais que abarquem o local e o global da história humana. Traz um olhar inovador para os estudos do texto, precisamente do gênero narrativa, de forma a contemplar uma investigação com vozes que enlevam, encantam.

Fazer uma leitura primeira desta obra foi um privilégio único e sinto-me agraciada pela amiga, companheira de profissão e de instituição, bem como de área de pesquisa. Sinceramente, agradeço a Marta Helena Facco Piovesan a oportunidade de caminharmos juntas na UEMA/CESBA, de compartilharmos do mesmo grupo de estudo, de poder participar desta tão fluida e deliciosa leitura.

Senti-me "emimesmada" em cada capítulo, em cada página, em cada linha, em cada palavra deste livro, "emaranhada" por essas vozes prenhes de maranhensidade. Reforcei o delicioso estranhamento do sentir-me dentro da obra e aflorei a sertaneja que em mim habita sempre e em plenitude. Entrei na obra e vejo-me, como afirma a autora, contemplando as diversas formas pelas quais o entrevistado se constitui "para dizer o que diz e como diz, com o objetivo de apreender as imagens que ele constrói sobre si mesmo e dos outros, bem como os papéis que assume no ato de narrar".

*Maria Célia Dias de Castro*

# 1. INTRODUÇÃO

O estudo dos processos identitários passou a ter, recentemente, uma centralidade nas pesquisas em decorrência das mudanças estruturais que transformaram as sociedades na contemporaneidade. A conceitualização de identidades envolve condições sociais, materiais e simbólicas que estabelecem fronteiras sutis de significados que permeiam todas as relações sociais. Dessa forma, a despeito da recorrência desse tema e da discussão sobre novas posições e novas identidades, partimos da compreensão de que as identidades não são unificadas e que envolvem diretamente o trabalho discursivo. É preciso pensar o indivíduo em uma nova posição deslocada ou descentrada na tentativa de rearticular a relação entre sujeitos e práticas discursivas (HALL, 2014). Os participantes discursivos constroem significados ao se envolverem e ao envolverem os outros em circunstâncias históricas, culturais, institucionais e particulares e percebem o discurso como uma forma de ação no mundo (LOPES; BASTOS, 2002). Nessa perspectiva, a linguagem é compreendida como um processo diversificado e complexo de atividades sociointeracionais pelas quais os indivíduos em contextos específicos produzem sentidos partilhados pelos membros de uma mesma comunidade (MARCUSCHI, 2001).

Partindo da premissa de que as identidades estão ligadas a estruturas discursivas e narrativas, esta pesquisa fundamenta-se na análise de narrativas de histórias de vida como um modo básico de compreensão e compartilhamento de experiências, e considera esse tipo de produção discursiva uma prática social indispensável na constituição e na manutenção das relações sociais de uma comunidade.

O campo dos estudos narrativos é amplo e interdisciplinar, uma vez que desperta o interesse não só dos linguistas, mas também de teóricos literários, psicólogos sociais, sociólogos, historiadores e especialistas em comunicação cada vez mais interessados nesse formato discursivo, em face da multiplicidade de recursos e aspectos situacionais empreendidos.

Dadas essas diversas tradições de pesquisa com prevalência das narrativas, os objetivos propostos neste estudo compartilham essa diversidade, bem como as mudanças de paradigmas quantitativos/experimentais para abordagens analíticas mais qualitativas para os fenômenos nas Ciências Sociais. Isso, por sua vez, reforça um estudo mais humanístico sobre os sujeitos e destaca o caráter potencial da narrativa para fornecer voz às minorias e outros subrepresentados para autorizar suas próprias versões de suas experiências.

Considerando que as narrativas e as identidades emergem de contextos sociais, sendo a discursividade um mecanismo privilegiado para investigar as práticas sociais e experiências pessoais, a presente pesquisa de caráter interpretativo/qualitativo visa a analisar as identidades construídas pelos participantes nascidos em Balsas, cidade do Sul do Maranhão, circunscritas no contexto que lhes confere sentido. Essa percepção de conhecer a história de uma sociedade, em uma região marcada por diferentes ciclos migratórios, em um contexto recente, significa eleger os participantes dessa inter-relação de circunstâncias como protagonistas de suas histórias.

A pesquisa centra-se na investigação de narrativas como um instrumento de análise da produção discursiva com o intuito de investigar como os participantes constroem discursivamente suas identidades em decorrência das migrações que tiveram lugar na região, a partir dos anos 70 do século passado. Esta pesquisa procura trazer à discussão o tema da migração não do ponto de vista do migrante, mas do morador que nasceu na região e viveu intensamente as consequências do processo migratório. Ao contrário da maioria dos estudos sobre migração que se centram nas histórias dos migrantes, focaremos a atenção nas comunidades formadas que emergiram a partir das transformações ocorridas na região.

Os discursos construídos especificamente pelos participantes que nasceram em Balsas remetem às suas histórias e às de migrantes que se estabeleceram em uma nova região, em que as redes de trabalho e os estilos de vida do local são recriados e modificados no novo mundo, vistos sob o olhar do homem natural da região, envolvido diretamente nesse processo. Evidentemente, a experiência de um grupo étnico particular no local de destino é um elemento necessário à história da migração, pois as mudanças no interior de comunidades étnicas estabelecidas e relações de contestação à cultura dominante são frequentemente motivações para o registro de histórias da chegada de migrantes, mas também das pessoas que já viviam no local com sua cultura e seus costumes.

No entrecruzamento de pessoas, em decorrência do processo migratório, emergiu uma sociedade e a partir daí surgiram questionamentos e a necessidade de explicar essas transformações: quem é esse povo formado por tantos? É possível traçar uma identidade balsense? Como as identidades são construídas linguística e textualmente nas narrativas? Para procurar respostas a essas indagações e analisar todo esse processo que deu origem à cidade de Balsas com o encontro de muitas pessoas vindas de diversos lugares, em diferentes tempos e situações, optamos pela pesquisa que investiga a construção de narrativas, importante instrumento para analisar a produção discursiva e a construção de identidades dos participantes. Assim surge a pergunta da pesquisa: como as identidades dos balsenses são construídas linguística e textualmente nas narrativas?

A partir dessa pergunta de pesquisa, estabelecemos o objetivo geral analisar como as identidades são construídas linguística e textualmente em um contexto de migração recente como o identificado na cidade de Balsas, no Sul do Maranhão. Como objetivos específicos, destacamos: a) investigar como os participantes nascidos em Balsas, no Maranhão, tecem seus discursos frente ao processo migratório em que estão inseridos; b) analisar as concepções de identidade construídas nos discursos dos participantes/narradores em suas histórias de vida; c) propor analiticamente a articulação da Análise de Narrativas e da Linguística Textual para evidenciar as marcas textuais de identidade.

Para alcançarmos os objetivos propostos acima, utilizamos a entrevista narrativa como metodologia para a geração de dados e analiticamente a articulação da Análise de Narrativas e Identidades proposta por Bamberg (2004), De Fina (2010), Georgakopoulou (2014), Harré e Van Langenhove (1999), segundo os fundamentos teóricos apresentados pela Análise da Conversação de Marcuschi (2003), da Linguística Textual organizada em torno de um eixo teórico, Koch (2016), Mondada e Dubois (2014), dentre outros autores não menos importantes que elegeram temas que convergem para aspectos do fenômeno de referenciação, para analisar como esses processos ocorrem nas interações e evidenciar as marcas textuais de identidade.

Os posicionamentos discursivos dos entrevistados, propostos por Bamberg (2004), são retratados nas narrativas, a fim de compreender os movimentos de constituição identitária na tessitura das histórias de vida. Em vista disso, a análise contempla as diversas formas pelas quais o entrevistado se constitui para dizer o que diz e como diz, com o objetivo de apreender as imagens que ele constrói sobre si mesmo e dos outros, bem como os papéis que assume no ato de narrar.

Tendo em vista não somente a organização narrativa como também as condições de produção dos discursos, são apresentados diferentes mecanismos discursivos, particularmente, estratégias de referência. A referenciação é, portanto, um modo de organização dos discursos que pode ser observado na linguagem, na sua materialidade, mas que se articula dentro de condições históricas específicas. A realidade não é negada, mas desmistificada na sua influência sobre a linguagem, pois o que se entende por representação não é a ideia de uma palavra que se coloca no lugar de algo ou alguém, representando-os, mas sim um processo mental de estruturação de objetos de discursos, os quais fazem parte de uma época e de um modo de organização sócio-histórica.

O aspecto fundamental desta pesquisa decorre do caráter analítico-discursivo que prioriza a análise da discursividade das narrativas, possibilitando, dessa forma, uma discussão que é imprescindível para a visibilidade da região que desconhece as suas construções identitárias e a multiplicidade de sentidos que se estabeleceram, até mesmo silenciosamente, provenientes do processo migratório. As práticas conversacionais constituem um *locus* privilegiado para investigar a natureza linguístico-discursiva, bem como fenômenos de ordem social e semântica imbricados no entendimento das relações entre linguagem e organização social.

Assim sendo, o processo de construção das identidades nas narrativas é apresentado como uma contribuição para a investigação de uma produção discursiva em um contexto socialmente relevante, que é a migração e suas consequências em um tempo recente no Brasil. Isso só é possível pela análise da produção discursiva nesse contexto que vai ao encontro de uma concepção de linguística aplicada que investiga as situações de uso da linguagem no mundo e possibilita um arcabouço teórico que permite analisar como as identidades emergem nas narrativas orais.

Diante desse contexto, os sentidos das narrativas estão contidos nas histórias que são contadas, nas memórias que conectam o presente e o passado e imagens que delas são construídas (HALL, 2006). Segundo De Fina (2012), as narrativas são vistas como o principal veículo para a expressão da identidade, pois as histórias que contamos revelam o que somos.

As narrativas contam histórias, e os caminhos desta pesquisa perpassam múltiplas experiências da trajetória da própria vida desta pesquisadora. Sou gaúcha, nasci em Nova Palma, um pequeno município da Quarta Colônia de Imigração Italiana do Rio Grande do Sul, próximo a Santa Maria, onde me formei em Letras. Como professora, iniciei minha jornada de migrante indo morar em Palotina, no Paraná, em 1986. Foi a primeira experiência longe da família e dos costumes arraigados em busca de um futuro promissor.

Na década de 1990, vários agricultores do oeste paranaense, na sua maioria já vindos do Rio Grande do Sul, atraídos pela propaganda de terras férteis e baratas, aventuraram-se a ir mais longe. Com a mala cheia de esperança, acompanhando meu marido, mudei-me para Balsas, uma cidade bem ao Sul do Maranhão. Terra, gente, costumes, clima, tudo novo, mas com o espírito desbravador e cheia de esperança cheguei a uma cidade em que eu era a sétima professora formada em Letras em uma região que abrangia treze municípios. Logo comecei a trabalhar na Unidade Regional de Educação onde conheci a realidade da região viajando por todos os municípios que faziam parte da Regional. Em sua maioria, os municípios eram ligados por estradas de chão, a princípio clima inóspito, muito calor, mas também muitas pessoas para ajudar e capacitar. Dessa maneira, fui me integrando e me apropriando das práticas locais, tanto quanto eu ensinei, eu também aprendi e, a partir do conhecimento nas andanças por toda a região, iniciei uma convivência compartilhada com um povo forte e hospitaleiro: o povo do Nordeste.

O cenário das histórias aqui contadas não é de uma terra castigada pela aridez como é tema recorrente nas pautas da mídia quando se refere ao Nordeste, mas de uma região próspera do Sul do Maranhão, que pertence à Amazônia Legal, geograficamente nomeia-se como Meio-Norte Nordestino, área de transição entre o Sertão Nordestino e a Região Amazônica, com abundância de chuvas, cortada por muitos rios e com vastas porções de terras férteis.

Um dia eu cheguei a esta terra e a adotei, nela plantei meu sonho e, a partir da convivência com sertanejos que sabem acolher as pessoas de onde quer que elas venham, conheci um povo gratuitamente feliz que, como ninguém, sabe transformar a dor em esperança e a tristeza em fé. Assim, fui acolhida e integrada à cultura local, tornando-me cidadã balsense.

Atuei como professora no Ensino Fundamental e Médio e logo ingressei na Universidade Estadual do Maranhão (UEMA) como professora. Participei de programas que visavam à qualificação de professores de toda a região e presenciei o verdadeiro papel da Instituição Pública: o da inclusão social. Trabalhando com o ensino de Literatura, tive a possibilidade de contribuir na formação de professores para incentivar a leitura e a escrita. Surpreendi-me, ao me deparar com pessoas criativas, sem medo de se mostrar ao dançar, cantar, representar, recitar, encenar, e com muita vontade de aprender. As aulas de Literatura transformaram-se em palcos repletos de criatividade, e o mundo da ficção misturou-se com as histórias reais de tantas pessoas que eu conheci e aprendi a respeitar.

Minha inserção na comunidade foi pelo trabalho e nessa teia de relações eu vi a cidade crescer. Diferentes pessoas vindas de várias partes do país e do exterior se encontravam ali e assim foi sendo delineada o que hoje é a cidade de Balsas. Na interação com as pessoas, fui construindo o cotidiano, nos espaços de lazer e de trabalho, nas práticas culturais e na formação e constituição da região com seus costumes e conhecimentos. Se, por um lado, os espaços de sociabilidade compartilhados eram espaços que nos uniam, ao emergir o sentimento de pertencimento à comunidade, ao lugar que me estabeleci, por outro, esses espaços também demarcavam as diferenças sociais que, paulatinamente, foram sendo construídas na sociedade.

A partir desses (des)encontros, resultantes do processo migratório, surge a presente pesquisa que procura, a partir de narrativas orais, traçar as identidades dos balsenses que povoaram e povoam a microrregião do Gerais de Balsas, região do cerrado sul-maranhense que, diferentemente de outras regiões maranhenses, apresentou uma ocupação tardia e uma evolução histórica bastante particular. Foi somente no século XIX, em um processo lento, que o Sertão de Pastos Bons se articulou com o litoral. Mas foi na segunda metade do século XX, com a construção da rodovia Belém-Brasília, em meados de 1970, que a região sofreu uma intensa migração de pessoas vindas de diversas partes do país, principalmente gaúchos atraídos pela vasta extensão de terras baratas.

Feitas as proposições acima, desde que cheguei à região, na década de 1990, várias indagações foram surgindo a respeito dos diferentes habitantes, maranhenses e migrantes e seus descendentes, moradores de Balsas no

Maranhão, e as consequentes questões identitárias daí resultantes. As migrações sempre existiram e, na modernidade, os deslocamentos espaciais interestaduais e intrarregionais das pessoas continuam sempre motivados por um desenvolvimento ou oportunidade de uma vida melhor. Em busca desse futuro promissor, pessoas chegavam e saíam. As que estavam eram modificadas, as que chegavam e saíam já não eram as mesmas. Essas experiências e esses questionamentos expostos fizeram emergir esta pesquisa que ora se apresenta e será um espaço apropriado para se conhecer a natureza e experiências dos participantes, bem como as suas posições geradas no processo narrativo

Dentro dessa perspectiva, para apresentar a pesquisa, o texto foi organizado em capítulos. No primeiro capítulo apresentamos uma breve análise do processo migratório no Brasil e a diversidade dos deslocamentos na formação da sociedade brasileira, além de focar no migrante nordestino e na região Amazônica. Esse mesmo capítulo apresenta o cenário a ser pesquisado, a migração ocorrida na mesorregião sul-maranhense, para assim se embasar e conhecer as características históricas e socioculturais dos envolvidos nos eventos linguísticos nos quais as narrativas pesquisadas se originaram. Este capítulo mescla os discursos orais das narrativas que emergiram nas entrevistas e a visão dos historiadores acerca da colonização e ocupação dos espaços sócio-históricos.

No segundo capítulo, apresentaremos os conceitos essenciais, aspectos teóricos importantes e diferentes abordagens sobre narrativas, teorias que trazem em seu bojo um processo interpretativo que permite uma releitura do vivenciado e experimentado, resultando em uma tessitura entre o que foi e o que está sendo. Partiremos do pressuposto de que a narrativa é o *locus* da pesquisa, uma produção linguística e discursiva importante com o intuito de nortear a investigação. O capítulo inicia com a indagação: por que estudar narrativas é relevante? E são as palavras de Bastos (2007) que efetivamente preenchem as lacunas acerca da importância das narrativas e sua visão aqui assumida como construção social, cultural e interacional. Em sequência, apresentaremos os estudos precursores de Labov, fundamentais para a análise das narrativas contemporâneas, na tentativa de apresentar a sua contribuição para os avanços dos estudos da área. Traçada a colaboração laboviana, abordaremos os estudos da narrativa na interação, enfatizando o papel dos sujeitos em diferentes contextos sociais. Neste capítulo mais uma vez intercalamos as histórias narradas e partilhadas pelos participantes de acordo com suas experiências de vida e as definições dos teóricos acerca de utilizar as narrativas como um modo de analisar os fenômenos sociais.

Tendo em vista que a narrativa está diretamente relacionada com a identidade dos indivíduos, no terceiro capítulo apresentaremos os estudos de De Fina e Georgakopoulou (2012), juntamente com Hall (2006), entre outros estudiosos que irão alinhar os dois campos, teorizando sobre os papéis das narrativas e relacionando-os à questão do processo de construção de identidades sociais. Tendo em vista o quadro teórico formulado, a identidade é construída e negociada na interação e pressupõe sempre uma interface entre o social/cultural e o individual, entre o "eu" e o "outro", entre os vários "eus" e entre as diversas vozes que compõem os discursos, levando sempre em conta a situação discursiva e também o espaço e tempo em que se situam. Serão abordados os conceitos de identidade na visão de diferentes autores para se chegar a conceitos da modernidade que tratam da identidade e da diferença.

O quarto capítulo será reservado à apresentação dos instrumentos metodológicos, apresentando primeiramente a abordagem teórico-analítica utilizada, inserindo a pesquisa em uma perspectiva qualitativa-interpretativista em que o corpus é gerado a partir de entrevistas narrativas que seguem o modelo de Jovchelovitch e Bauer e Gaskell (2002), em que as análises se centram na compreensão daquilo que é narrado. Ainda neste capítulo, reforçaremos as teorias de Análise de Narrativas (BASTOS; SANTOS, 2013; JOVCHELOVITCH; BAUER, 2002) e os estudos de posicionamento (BAMBERG, 2002; HARRÉ; VAN LANGENHOVE, 1999), tendo como suporte os estudos de identidades (DE FINA; GEORGAKOPOLOU, 2012; HALL, 2006) com base nos estudos de referenciação oriundos do campo da Linguística Textual (MARCUSCHI, 2001; MARCUSCHI; KOCH, 2006; MONDADA; DUBOIS, 2014). Em uma perspectiva textual-interativa, neste capítulo apresentaremos a concepção de linguagem como uma forma de ação, atividade verbal exercida entre pelo menos dois interlocutores dentro de uma localização contextual (JUBRAN, 2006b), elegendo o texto como objeto de estudo. Para isso, utilizaremos duas categorias de análise, a referenciação e o posicionamento, fenômenos linguísticos que tratam as práticas discursivas como um testemunho expressivo da relação mutuamente constitutiva entre linguagem e realidade.

No quinto capítulo, apresentaremos as identidades construídas nas narrativas, tentando ser coerentes com a ideia de que os significados são compreendidos no contexto em que foram produzidos, e os dados foram gerados, transcritos e analisados conforme as teorias propostas, apresentando encontros e desencontros, rupturas e tensões que mostram os percursos, negociações e reflexões que constituem as (des)construções das identidades.

Por fim, nas considerações finais, trazemos uma síntese dos resultados da pesquisa, apontamentos sobre novas possibilidades de análise e questões que merecem ser investigadas, além da articulação entre o percurso teórico e as análises desenvolvidas, com o intuito de sistematizar as identidades construídas nos discursos.

# 2. A MIGRAÇÃO NO BRASIL:
## um breve histórico

Os movimentos migratórios são próprios do ser humano e, desde os primórdios, os indivíduos e suas famílias se deslocam no espaço geográfico em busca de uma vida melhor ou para fugir de condições sociais adversas. Alguns curtos, outros de longas distâncias, permanentes ou temporários, "[...] têm afetado sobremaneira os contornos de processos sociais, econômicos, demográficos e ambientais de localidades, regiões e países ao longo da história humana" (OJIMA; FUSCO, 2014, p. 6).

A mobilidade populacional é um tema ligado aos estudos histórico-geográficos pertinentes ao homem e está diretamente ligada à densidade populacional, bem como às mudanças e diferenciações sociais, políticas, culturais e econômicas de uma sociedade. Hermann (2007) destaca que o desenvolvimento econômico e cultural do Brasil está atrelado ao fenômeno das migrações. Esses movimentos populacionais foram determinantes na formação do território brasileiro devido às miscigenações entre diferentes povos ocorridas no país.

As reflexões acerca da formação do Brasil são destacadas pela autora quando ressalta a complexidade da constituição do povo brasileiro:

> Espaço continental construído ao longo de 500 anos de história, a unidade territorial do Brasil abriga ainda imensas desigualdades regionais, tanto do ponto de vista social e econômico, como geológico e cultural. Cenário de encontro de povos indígena, europeu e africano em seus primeiros séculos, ao nosso território somaram-se também outros grupos de imigrantes de procedência variada, conformando uma identidade cultural múltipla, híbrida e original. Um País de identidade plural, portanto, que nem por isso oculta diversidades expressivas e desigualdades ainda maiores (HERMANN, 2007, p. 32).

Essa multiplicidade de "nações" que formaram o Brasil nem sempre seguiu uma sequência evolutiva e uniforme, foram processos de transformações distintos em todo o território nacional, impulsionados pelo potencial natural e uma longa e difícil modificação ao longo dos séculos.

A construção da territorialidade brasileira passou por séculos de transformações, de colônia a país independente, até a instauração da República. Essas mudanças históricas ocorridas no Brasil são relevantes para o presente estudo que analisa as consequências do processo migratório ocorrido na região Sul do Maranhão. Para a compreensão desse processo, é fundamental que se faça um recorte histórico mediante a apresentação das relações entre os longos processos de distribuição da população e os movimentos de distribuição das atividades econômicas, demonstrando o entendimento do processo de desruralização/urbanização e regionalização da sociedade e do território brasileiro.

Na visão de Vale (2007, p. 51),

> [...] as metamorfoses do espaço nacional e sua dinâmica territorial são reflexos das diferentes análises sociais dos espaços, principalmente, no *locus* da vida de relações, expressões de processos sociais e palco de conflitos e possibilidades. [...] para se ter ideia da inter-relação entre crescimento econômico regional, política de desenvolvimento e migrações internas é necessário identificar as variações migratórias ocorridas nas últimas décadas, o intervalo entre determinados fluxos, os fatores econômicos que a elas se acham ligados e que medidas de política os influenciaram (grifo do autor).

Os processos migratórios estão diretamente ligados aos contextos em que estão inseridos para que, a partir de uma perspectiva histórica, possa se entender o objetivo e explicar o "porquê" das variações ocorridas temporal e espacialmente.

Fundamental se faz entender o processo de distribuição da população brasileira no período compreendido entre a expansão da economia cafeicultora e os primórdios da industrialização. Não se pretende aqui fazer uma análise exaustiva dos acontecimentos históricos e movimentos migratórios do século XIX e início do século XX, apenas pontuar períodos importantes para o estudo das inter-relações entre dinâmica econômica, espaço e migrações, oferecendo subsídios teóricos importantes para se comparar as mesmas relações em outros períodos.

Segundo Patarra (2003), o avanço da economia cafeicultora e os primórdios da industrialização no início do século XX constituíram momentos de transição da economia agroexportadora para o desenvolvimento industrial, modalidades históricas específicas a serem comparadas com etapas subsequentes que delinearam excedentes populacionais e o papel da economia de subsistência nesses momentos; e, de outro lado, as implicações cumulativas das etapas na configuração dos espaços. O processo de urbanização e a dinâmica populacional brasileira ganharam novos contornos à medida que se aproximou o auge da economia do café sob a égide do capitalismo industrial.

A população brasileira, em fins do século XIX e início do século XX, reestruturou-se em decorrência do dinamismo da economia. Com a abolição da escravatura e o fim do tráfico negreiro, a rápida expansão da economia desencadeou a escassez da mão de obra em relação à quantidade de trabalhadores suficientes à economia do mercado em expansão. A partir de então, uma conjugação de fatores externos e internos, incluindo-se o fim da escravidão, conduziu à solução da imigração subsidiada de trabalhadores europeus, que se tornou a principal fonte de mão de obra para a cafeicultura em estados[1] do Centro-Sul. "A imigração estrangeira, por sua vez, engendrou, na expansão da cafeicultura, o regime do colonato do café, com implicações demográficas específicas e novas modalidades de reprodução dos grupos sociais envolvidos" (PATARRA, 2003, p. 12).

A autora, referindo-se a esse momento histórico, complementa:

> Não seria excessivo dizer que a economia cafeicultora, com todos os seus desdobramentos, forja a dinâmica econômica e social do período; o modelo agrário exportador baseado na propriedade de grandes expansões de terra e a república oligárquica, baseada no pacto entre as elites regionais parecem sintetizar os elementos que dominaram a vida brasileira durante a Primeira República (PATARRA, 2003, p. 13).

Esse período foi importante para o Brasil em termos de ocupação do espaço, urbanização e processos de industrialização, desenvolvendo-se principalmente no eixo Centro-Sul. Essa autonomia político-administrativa e financeira dos estados no sistema oligárquico da Primeira República cessou somente após 1930.

Os aspectos que constituíram a distribuição demográfica no Brasil até a II Guerra Mundial foram aportes de imigração internacional. A partir desse momento histórico, ocorreram profundas mudanças na estrutura, composição e distribuição populacional interna do país. Souchaud e Fusco (2012) explicam que o crescimento inédito do conjunto de pessoas residentes no país, sob efeito de uma rápida transição demográfica, permitiu uma redistribuição da população nacional para espaços periféricos, graças à progressão das fronteiras agrícolas, ou para espaços consolidados como os exemplos das grandes cidades da faixa litorânea, São Paulo, Rio de Janeiro, Salvador e Recife, que se tornavam metrópoles mundiais.

Esse processo foi acompanhado de um ciclo de migrações internas que forneceu mão de obra para as áreas de concentração econômica; isso foi possível porque o crescimento da população brasileira caracterizou-se por um

---

1 Acerca do significado de "estado" ou "Estado", assumiremos aqui a perspectiva discutida por Pereira (2017) que distingue com clareza dois conceitos geralmente confundidos – o Estado e o estado-nação. Cada povo que partilha uma etnia e uma história comum busca se constituir em nação, controlar um território e construir seu próprio Estado, dessa forma se constituindo em estado-nação. Neste quadro, o estado-nação é a sociedade política soberana e o Estado é a instituição maior de uma sociedade em sentido amplo. A escolha por essa definição tem justificativa também em Houaiss (2009, p. 827) "divisão territorial de determinados países (inicial minúscula)" e "país soberano com estrutura própria e politicamente organizado (inicial maiúscula)".

forte crescimento vegetativo e amplos deslocamentos populacionais rumo às cidades, que teve o papel de viabilizar um modelo de desenvolvimento espacialmente concentrado, com um mercado urbano relativamente reduzido e na extrema pobreza da população rural (PATARRA, 2003).

Na segunda metade do Século XX, a territorialidade brasileira foi marcada por rupturas e recomposições decorrentes de mudanças econômicas que tiveram consequências sobre os movimentos migratórios. A partir dos anos 50 do século passado, "inicia-se uma etapa caracterizada pela internacionalização do mercado e aprofundamento do caráter monopólico da economia" (PATARRA, 2003, p. 21). Essa nova industrialização consolidada por empresas internacionais expandiu-se emergindo o capitalismo industrial monopolista vinculado à economia de subsistência, que sob diversas modalidades articulou-se com o latifúndio tradicional; daí a necessidade de uma política de transporte e de construção de estradas propiciando a constituição de frentes de expansão agrícola e de ocupação (PATARRA, 2003).

Os anos 60 marcaram um processo de industrialização concentrado essencialmente em São Paulo, uma vez montada a indústria pesada e de bens duráveis.

> Em São Paulo, a integração do mercado nacional bloqueava as possibilidades de eventuais 'industrializações autônomas'. Se esse processo não inviabilizava o crescimento das demais regiões que, ao contrário, seguiam crescendo a taxas expressivas, resultava num elevado grau de complementaridade entre suas estruturas industriais. O resultado foi uma sensível concentração regional da indústria brasileira (PATARRA, 2003, p. 23).

Nesse contexto, os movimentos migratórios adquiriram sentido em função do realinhamento territorial das atividades econômicas; esses movimentos, por sua vez, foram decisivos na temporalidade e nas características do desenvolvimento urbano-industrial no Brasil. A concentração da atividade econômica, associada ao aumento populacional no campo e à incapacidade das áreas urbanas das regiões que não foram contempladas com o desenvolvimento em absorver essa população, já apontavam o sentido que iriam assumir os expressivos movimentos migratórios que se estenderiam até os anos 70.

A incapacidade da economia de reter a população expulsa do campo devido a mudanças na estrutura agrária ou no desempenho econômico das cidades impulsionou a migração interestadual para as fronteiras agrícolas e, sobretudo, em direção às áreas urbanas do Sudeste. Houve, nesta época, uma desruralização da população brasileira.

O êxodo rural de Nordestinos (dos 10,8 milhões de migrantes rurais brasileiros dessa década, quase metade – 47,6% – vinha do Nordeste), e, no conjunto, como decorrência de vários fatores, entre eles a construção da Belém-Brasília, da nova Capital Federal, das grandes migrações para as áreas metropolitanas e mesmo as migrações para o trabalho na colheita de café em São Paulo e no norte do Paraná, além de grandes secas no Nordeste (PATARRA, 2003, p. 25).

Nesse período, a explosão do crescimento urbano deu-se em todo Brasil, principalmente nos estados do Sul e Sudeste. Esses estados atraíram migrantes rurais brasileiros de todo o país, principalmente do Nordeste, em decorrência de vários fatores, entre eles a construção da Belém-Brasília, da nova Capital Federal, das grandes migrações para as áreas metropolitanas e para o trabalho na colheita de café em São Paulo e no norte do Paraná, além das migrações ocorridas devido às grandes secas que assolavam o Nordeste.

Nos anos 70, ainda, segundo Patarra (2003), quase metade da população rural da região Sul saiu do campo, acarretando uma redução de aproximadamente dois milhões de habitantes de suas áreas rurais; esse êxodo rural foi atribuído aos subsídios, aos incentivos econômicos e ao aparato institucional mobilizado para estimular a adoção de técnicas produtivas e culturas altamente poupadoras de mão de obra no campo. Além disso, a fronteira agrícola da região já estava totalmente ocupada e a região Norte e Nordeste começaram a representar, para muitos agricultores, oportunidades para novas dinâmicas territoriais.

A partir dos anos 80, os fluxos migratórios no Brasil modificaram-se em razão do menor crescimento das metrópoles e do aumento das migrações à curta distância e intrarregionais, ocasionando uma circularidade e até movimentos de retorno da população. Há a predominância de migrações de curta distância quando se inicia uma das mais graves crises da História do Brasil. A busca do entendimento das relações entre movimentos migratórios e distribuição espacial da população, neste período, está marcada por sua relação com os efeitos simultâneos de desigualdades estruturais e conjunturais da crise que atingiu o país.

Além dos fatores históricos abordados, há uma gama de questões levantadas por pesquisadores acerca do desencadeamento das migrações no Brasil que não serão totalmente expostas para não fugir do objetivo central do trabalho. As etapas de desenvolvimento econômico-social retratadas nesta pesquisa procuraram captar as tendências e características dos movimentos migratórios e seus processos. Os elementos históricos resgatados objetivaram contribuir para o aprofundamento do entendimento da diversidade dos deslocamentos e a formação da sociedade no cenário da economia brasileira.

A análise do presente só pode ser realizada se auxiliada pelas determinações históricas, proporcionando um repensar no sentido contemporâneo de novas territorialidades, em suas múltiplas dimensões, constituindo-se uma dimensão imprescindível para o aprofundamento das questões sobre a mobilidade e formação da sociedade brasileira.

A próxima subseção pontua alguns elementos centrais na perspectiva do migrante nordestino e da região Amazônica, contribuindo para a compreensão do papel exercido por aspectos do contexto macro, para entender o que houve em termos de migração no Sul do Maranhão.

## O movimento migratório no Nordeste

No Brasil sempre houve fluxos migratórios, mas os que mais impactaram foram os acontecidos no Nordeste durante os ciclos da borracha nos séculos XIX e XX e que se estenderam para outras décadas devido à expansão do desenvolvimento econômico-industrial do Sudeste. A princípio, os movimentos migratórios que fizeram tantas pessoas saírem do Nordeste rumo a outras regiões do país, foi devido à grande desigualdade socioeconômica da região decorrente de fatores como a estrutura latifundiária, as estiagens que historicamente assolavam a região e contribuíam para a estagnação econômica, além da falta de políticas de desenvolvimento direcionadas para terras consideradas improdutivas. Esses fatores ocasionaram, no Nordeste, durante a década de 1930, a emigração em torno de 650 mil pessoas para outras áreas do país e, no decorrer da década seguinte, o número chegou a mais de 900 mil. A década de 1950 foi também um período de intensa emigração inter--regional, de tal modo que a taxa média de crescimento anual da população nordestina ao longo do decênio foi de 2,1%, enquanto a do Brasil foi de 3,4% (SOUCHAUD, 2009).

A maioria dos migrantes saíram do Nordeste atraídos pelo ciclo da borracha na Amazônia ou pelo desenvolvimento econômico-industrial de São Paulo. Ojima e Fusco (2014) afirmam que a região foi afetada por processos migratórios como nenhuma outra do país. Conhecida como a terra da arribação, essa diáspora transformou-se em um capítulo central da história nacional. Por isso, a região é vista como o símbolo e a materialização da migração, ocasionada por um conjunto de fatores entrelaçados e complexos que explicam essa tradição. Esses fatos são reafirmados por Ojima e Fusco (2014, p. 14):

> Às vezes, expulsos de sua terra natal por causa das secas, fenômeno climático que atinge grande parte do Nordeste de forma crônica, outras vezes (ou simultaneamente) atraídos pelas oportunidades resultantes de atividades econômicas em expansão, os migrantes do Nordeste se moveram em

grande número, somando aproximadamente 300 mil pessoas durante os primeiros anos do século 20.

Na década de 1960, a sequência de expansão das fronteiras agrícolas contribuiu para a redistribuição da população nacional. Nesse período, foi iniciado um processo intenso de modificação da base produtiva na Região Centro-Oeste, o qual estava estreitamente vinculado à ação estatal por meio de programas de incentivo aos mercados internos e externos com vistas à modernização agropecuária e integração da região. As décadas seguintes foram marcadas pela implantação de importantes empresas agroindustriais, muitas vezes associada a investimentos estatais em infraestrutura, incentivos fiscais, crédito subsidiado e atuação de órgãos oficiais de apoio. A maior parte da região foi amplamente afetada pelo que se convencionou denominar a "marcha modernizadora do Oeste", que teve o fluxo migratório de nordestinos como um de seus componentes mais importantes (CUNHA, 2002). Assim, o processo de crescimento das grandes cidades ocorreu concomitante à ocupação de fronteiras agrícolas, até a década de 1970, marcando a importância dos movimentos com origem no rural (entre os anos de 1960 e 1970) e das migrações de longa distância (OJIMA; FUSCO, 2014).

Mas a história da mobilidade, especificamente do êxodo nordestino, foi mudando nas décadas mais recentes devido a uma profunda transformação econômica e demográfica ocorrida no Brasil a partir das décadas de 1970-1980, como foi explanado na seção anterior, que impactou os processos migratórios da região. A partir desse período houve uma desconcentração industrial em São Paulo e um desenvolvimento, ainda que incipiente, no Nordeste, que resultou em investimentos e oportunidades econômicas sobre o território. Segundo Ojima e Fusco (2014), esse processo pode ser atribuído aos efeitos de políticas públicas federais dirigidas ao fortalecimento das economias regionais via atuação das Superintendências Regionais, a criação de Polos de Desenvolvimento e a oferta de incentivos fiscais e subsídios variados.

De fato, os vários planos de desenvolvimento elaborados no início da década de 1970 destinavam-se, basicamente, ao desenvolvimento do Nordeste, à ocupação da Amazônia e à integração de vários polos regionais de crescimento. Nas décadas de 1970 e 1980, o Nordeste, acostumado a enviar a sua população para outras regiões, presenciou o retorno de uma parcela de seus migrantes e até começou a receber população de outras áreas do país. "A década de 1980 representou o momento de duas mudanças importantes: a diminuição do fluxo de emigrantes e o aumento do número de retornados para o Nordeste" (OJIMA; FUSCO, 2014, p. 20).

A partir da década de 1970, o processo de expansão das fronteiras agrícolas juntamente com o crescimento das grandes cidades do Sudeste contribuiu para a redistribuição da população nacional. Nessa época, a região de Balsas, no Maranhão, tornou-se uma região de intensa migração, destacando-se como *locus* privilegiado para uma análise migratória devido à intensidade com que os deslocamentos populacionais ocorreram nesse período. Importante frisar que as características migratórias da região de Balsas seguem, em parte, os processos sociais e econômicos que ocorreram no Sudeste, mas apresentam características particulares a partir de um olhar nordestino com mudanças importantes no contexto local que modificaram as características geográficas, demográficas e culturais da região, tornando esta pesquisa um estudo regional direcionado à região Sul do Maranhão, especificamente de Balsas, para entender a migração ocorrida a partir do Nordeste.

**Fronteiras econômicas e transformações territoriais no Maranhão**

O Maranhão está localizado, geopoliticamente, no contato entre duas das cinco macrorregiões brasileiras: Norte e Nordeste, sendo esta última a que ele é incluso. Encontra-se situado em quatro grandes domínios de natureza intertropicais que compõem um mosaico diferenciado de paisagens: terras baixas florestadas amazônicas, cerrados, caatingas e domínios costeiros (DIAS, 2017). Localizado entre a região amazônica e o semiárido nordestino, o estado possui um território, em quase toda sua totalidade, com condições favoráveis para a pecuária e a agricultura, destacando-se como um celeiro alimentar para o país e para o mundo (BEZERRA *et al.*, 2017).

O Maranhão faz fronteira com o estado do Piauí a Leste, a Sul e a Sudeste com o estado de Tocantins, a Oeste com o estado do Pará e a Norte com o Oceano Atlântico. Segundo Martins e Oliveira (2011), o Maranhão, juntamente com oito estados, faz parte da Região da Amazônia Brasileira: Acre, Amapá, Amazonas, Mato Grosso, Pará, Rondônia, Roraima e Tocantins, totalizando uma área de 5.088.668,43 km², representando 59,76% do território nacional. A floresta amazônica é uma das regiões mais ricas e de maior biodiversidade do planeta. Abriga cerca de 10% das espécies conhecidas de mamíferos e 15% das espécies de plantas. É também um dos ecossistemas mais ameaçados do mundo. Dentro da vasta diversidade amazônica, a região também é detentora de um imenso acervo étnico e cultural.

**Figura 1 – Mapa limites estaduais do Maranhão e Amazônia Legal**

Fonte: Adaptado pela autora de IBGE (2019).

A Figura 1 mostra os limites do Maranhão e destaca 24,46% do território maranhense, uma extensão de 81.208,40 km², que abrange 62 municípios que fazem parte da Amazônia Maranhense e retratam a imensa importância biológica dessa porção territorial. Além disso, o Maranhão é o estado da Amazônia Legal que possui o menor grau de ocupação do espaço com áreas protegidas, apresenta alto grau de desmatamento e fragmentação florestal e um dos menores índices de desenvolvimento humano (MARTINS; OLIVEIRA, 2011).

Mesmo tendo uma logística favorável e uma riqueza natural, os crescimentos econômicos do estado foram insuficientes para atingir um desenvolvimento sustentável e viabilizar um dinamismo econômico com condições de vida e trabalho equivalentes a outras áreas do país.

Nesse sentido, Bezerra *et al.* (2017, p. 7) reforçam os contrastes encontrados no estado:

Possuidor de variadas atividades produtivas, agrícolas e industriais, além de riquezas naturais que vêm sendo recentemente descobertas, a soma de potencialidades contrasta com a pobreza que oprime grande parcela de sua população. Detentor dos mais baixos índices de qualidade de vida e desenvolvimento humano, convivendo lado a lado com toda riqueza natural, o Maranhão é um espaço de contradições e perplexidades.

O Maranhão ainda apresenta reduzidas porções territoriais conectadas a outros centros do país e conta com a presença de escassos recursos públicos, desencadeando um crescimento que ainda não se concretizou em sua totalidade. Apesar de acontecer simultaneamente em várias regiões do estado e de apresentar distintos processos produtivos, o desenvolvimento vem ocorrendo de forma mais regional que estadual (BEZERRA *et al.*, 2017). Atraídos pela localização e pelo potencial produtivo, grandes investidores privados se instalaram no território maranhense desafiando o governo a responder às inusitadas necessidades do novo capital e, ao mesmo tempo, aos anseios da população que vive nesse território há séculos.

As realidades regionais maranhenses, produto de longos processos coletivos de produção e troca, contrapõem-se a "processos exógenos de grande escala, tais realidades reagem e tentam se adaptar, buscando adequar os novos processos e seus atores à sua própria essência" (BEZERRA *et al.*, 2017, p. 09). Segundo o historiador Carvalho (1998), a colonização do Maranhão e do Pará foi direcionada pela presença ostensiva do Estado que se apresentou como força coercitiva e coordenadora de todas as iniciativas no âmbito político, econômico e cultural da região fazendo parte de um programa geopolítico concebido com a finalidade de assegurar o controle absoluto da riqueza e do território por parte do mesmo.

Carvalho (1998), referindo-se ao intervencionismo estatal que influenciou as etapas evolutivas da sociedade maranhense, declara que as consequências foram maléficas porque desde muito cedo inibiu-se a iniciativa privada e o estado engendrou a prática do paternalismo, do intervencionismo estatal e o costume de tutelar todas as iniciativas dos cidadãos livres. O domínio político que governou o Maranhão durante décadas produziu um estado injusto e desigual que elaborou estratégicas para sua própria perpetuação no poder. As relações de parentesco no mundo da política, reprodução de famílias em posições políticas e partidárias, fez emergir a expressão estigmatizante do fenômeno político denominado "oligarquia no Maranhão".

As consequências dessa política de perpetuação no poder devem ser examinadas à luz de uma complexa realidade constituída historicamente e que se expressa em consolidados espaços regionais, em que a política e a economia determinam relações específicas na sociedade. Nas palavras de Costa (2015, p. 204), perpetuou-se no Maranhão "uma oligarquia que governou em um sistema democrático", e os slogans "Maranhão Novo" e "Novo Tempo" representam "o discurso e a trajetória de uma oligarquia modernizante no âmbito regional, que buscou conciliar exigências contraditórias do capitalismo e da democracia, numa situação duplamente periférica e dependente". Esse quadro nacional e regional explicitado pela adoção de uma ideologia desenvolvimentista e modernizante possui profundas raízes na integração da economia maranhense ao processo de expansão do capitalismo monopolista em escala nacional que adotou um discurso de modernidade, então, imposto a partir de fora, mas adaptado e ressignificado para o contexto maranhense (COSTA, 2015).

Hoje, o Maranhão, mesmo vivendo as consequências de uma política elitista, consegue vislumbrar uma diversificação social acompanhada de uma recente transformação nos padrões políticos.

Embora esteja entre os estados mais pobres do Brasil, o Maranhão possui uma localização estratégica entre os grandes mercados externos da Europa, da Ásia e dos Estados Unidos, com um dos portos naturais mais profundos do mundo possibilitando a escoação de produtos produzidos internamente e de outros estados. Segundo Dias (2017, p. 15) "a partir de suas potencialidades portuárias, proporciona contatos socioeconômicos com os espaços nacionais e internacionais receptores de matérias-primas e produtos que passam em seu território".

O autor reforça, na citação a seguir, o potencial, as oportunidades e desafios que o estado enfrenta diante das transformações que ocorrem.

> Por seu potencial ambiental e por suas vocações portuária e agropecuária, o Maranhão poderá ser palco, nos próximos anos, de grandes e significativos empreendimentos industriais e agropecuários, geradores de divisas financeiras e de articulação de espaços, em função das cadeias e lógicas produtivas a serem desenvolvidas e articuladas com as pré-existentes. Isso, devido principalmente aos seus recursos geoambientais, os quais são considerados base para o aprimoramento dos ciclos produtivos associados ou em processo de instalação em seu território (DIAS, 2017, p. 15).

Burnett e Lopes (2017), preocupados com as perspectivas e desafios do desenvolvimento do Maranhão no século XXI, afirmam que o desenvolvimento do Maranhão ainda é regionalizado, ocorrendo em diferentes escalas e diversificadas articulações espaciais. "Aquelas de maior dinamismo – e, consequentemente, de maior impacto socioambiental são oriundas de capitais externos ao estado, sejam nacionais ou internacionais" (BURNETT; LOPES, 2017, p. 101). Há no Maranhão polos regionais de desenvolvimento, com isso outras regiões, com especificidades em suas produções econômicas, guardam um relativo grau de dependência com tais núcleos mais dinâmicos. As características contrastantes vão além do uso de tecnologias avançadas e mão de obra qualificada, mas dizem respeito à própria estruturação das relações de produção e exploração dos recursos naturais.

Neste momento, no Maranhão, há a difícil tarefa de se pensar um desenvolvimento integrado e sustentável evitando assim o desenvolvimento desigual dos diferentes espaços e suas consequências socioambientais. Conforme Dias (2017), há fronteiras econômicas no Maranhão, uma região de atividades econômicas múltiplas e dinâmicas. A partir da região da Ilha do Maranhão, a capital, com suas zonas urbanas agigantadas; a região do ecoturismo, na Chapada das Mesas e dos Lençóis Maranhenses; a região da pesca na Baixada; as regiões de agricultura e pecuária no Sul, além da expansão agroindustrial e frentes pioneiras contemporâneas. Novos polos industriais e agroindustriais estão redesenhando o mapa do desenvolvimento do estado em diversas áreas da economia como refinarias de petróleo, siderúrgicas na produção de aço, gás natural, geração de energia, papel e celulose, cana-de-açúcar e álcool, demonstrando um ritmo forte de crescimento.

Nesse sentido, para Burnett e Lopes (2017) dois desafios parecem se impor para acontecer um desenvolvimento no Maranhão: a articulação das diferentes realidades econômicas e o desafio imprescindível de impor normas para as atividades produtivas, principalmente aquelas relacionadas com a devastação ambiental e os prejuízos sentidos por grupos sociais mais frágeis. O autor apresenta também as dificuldades enfrentadas nas dinâmicas de produção e trabalho ao afirmar que:

> Prova maior de tal situação, que reproduz ao nível do estado a inevitável divisão das atividades econômicas, segundo suas especialidades, é a convivência nas fronteiras estaduais de relações de produção de contrastantes características. A constatação de evidências de trabalho escravo e infantil em regiões com estreita ligação com polos mais dinâmicos da economia, a inexistência de determinação de relações de trabalho devidamente regulamentadas entre patrões e empregados e os conflitos violentos que envolvem grupos de interesse – e que, muitas vezes, chegam a enfrentamentos armados com morte e chacinas –. expõem de forma incontestável a difícil relação que entre si mantêm as atividades produtivas de tais regiões. Mas apontam também para a baixa qualificação profissional e reduzido beneficiamento em termos de desenvolvimento social, que a quase totalidade do processo econômico do Maranhão oferece em sua própria expansão (BURNETT; LOPES, 2017, p. 102).

O Maranhão hoje se destaca pelo seu crescimento, possuidor de variadas atividades produtivas agrícolas e industriais, além de riquezas naturais, mas contrasta com a pobreza que ainda oprime grandes parcelas da população. A dimensão do atual processo de desenvolvimento maranhense, sua complexidade, seus desafios e suas consequências, sejam elas positivas ou negativas, sobre a sociedade e o meio ambiente, são desafios que devem ser enfrentados pelo estado e pelas pessoas socialmente envolvidas.

A questão fundiária é um problema secular e presente em praticamente todas as regiões, considerando os elevados índices de pobreza, a questão da terra deve ser entendida como estreitamente relacionada a própria sobrevivência física de largas faixas populacionais. O binômio terra-casa representa alternativa que liga o habitat com a produção familiar provocando, em determinadas áreas do estado – além da região metropolitana de São Luís – polos como Açailândia, Imperatriz, Santa Inês e Balsas, entre outros, a implantação de empreendimentos econômicos que geraram disputa de espaços com seculares ocupações de posseiros tornando a multiplicação de conflitos inevitáveis (BURNETT; LOPES, 2017).

O Maranhão hoje é uma sociedade multiétnica e multicultural, onde a presença africana se faz sentir de forma atávica nas lutas diárias contra o racismo e, juntamente com a presença indígena, estão impregnadas nos rituais e costumes da população. Nesse sentido, o recorte geográfico e historiográfico feito aqui é imprescindível para o aprofundamento da pesquisa e deve ser enfrentado e tematizado por aqueles que se dedicam a pensar sobre a identidade maranhense.

## O cenário das histórias e os processos de migração

O cenário aqui apresentado, a cidade de Balsas no Maranhão, foco dessa pesquisa, será mostrado sob duas nuances: a história oficial relatada pelos historiadores acerca da configuração sul-maranhense e as histórias narradas pelos cidadãos balsenses que contam suas histórias de vida. Essas diferentes perspectivas – a do historiador e a do cidadão comum permitem novas possibilidades de se pensar a vida social e política de um determinado período, tendo em mente que as narrativas orais suscitam posicionamentos, por meio da crítica dos valores sobre a percepção da política, da cultura, das formas de constituição das emoções e das identidades. Este foco historiográfico parte de uma ótica que estabelece que os sujeitos históricos podem se definir a si mesmos, seja em relação a formações discursivas, seja em relação a práticas alternativas de vivência do ser, da política, dos saberes e da existência social coletiva e cultural.

A localização da região pesquisada e seus aspectos históricos e geográficos são essenciais para o entendimento desse estudo, que requer um conhecimento sobre a relação do homem e da sociedade em que está inserido, resultando em diferentes percepções do espaço e sua construção.

Desse modo, partimos da localização da região para adentrarmos em aspectos políticos e geográficos que desencadearam os fatores migratórios ocorridos. A mesorregião Sul Maranhense é constituída pelas microrregiões do Gerais de Balsas, Chapada das Mangabeiras e Porto Franco e ocupa uma área de 67.899,8 Km² distribuídos em dezenove municípios. Nas microrregiões do Gerais de Balsas e da Chapada das Mangabeiras concentram-se os municípios da região do Cerrado Maranhense, dentre eles o município de Balsas, que conta com 93.511 habitantes segundo dados do Instituto Brasileiro de Geografia e Estatística (IBGE) (2016b) e pertence à área da Amazônia Legal.

**Figura 2 – Mapa do Brasil: Localização da Amazônia Legal, estado do Maranhão e cidade de Balsas**

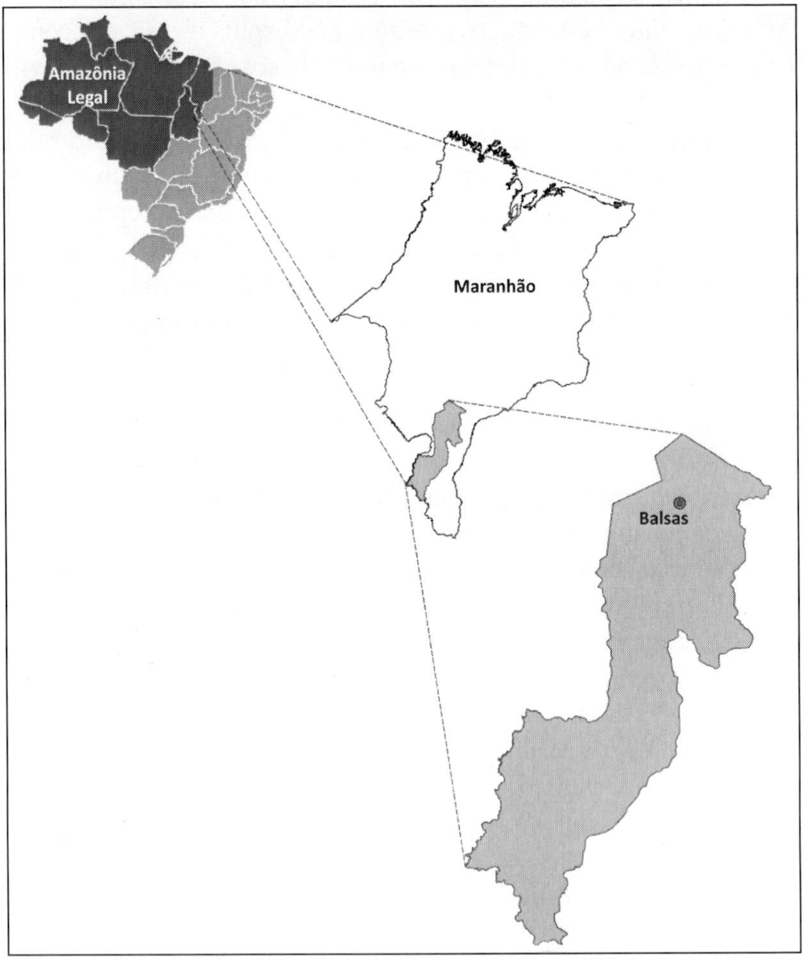

Fonte: Adaptado pela autora IBGE (2019).

A figura 1 destaca a região de Balsas inserida no estado do Maranhão, que, consequentemente, encontra-se no Nordeste e grande parte de sua área territorial faz parte da Amazônia Legal.

Os processos de ocupação territorial no Maranhão pautaram-se na relação do homem com o meio e, historicamente, geraram conflitos de uso e ocupação.

> O processo de colonização constitui um ato de transplantar para um novo espaço modelos, códigos simbólicos e padrões sociais no sentido de arregimentar ou perpetuar um padrão de vivência anterior, partindo do pressuposto do uso da terra para legitimação do domínio e liberdade de usufruto de novas conquistas (DIAS, 2017, p. 45).

Desde o início do processo de colonização europeia no Brasil e no Maranhão, o reconhecimento das potencialidades econômicas que o território poderia oferecer foi considerado conveniente para a ocupação dos espaços disponíveis, além da exploração de recursos naturais para a geração de lucros a partir da instalação de cadeias produtivas. Esse trabalho de reconhecimento do território também denominado de "colônia" foi acompanhado de povoamento e exploração. Os processos de expansão no Brasil, desde a chegada da corte portuguesa até os que vieram posteriormente, tiveram motivação econômica com a extração de recursos naturais do território brasileiro. No Maranhão não foi diferente e a ocupação do território de modo algum foi uniforme, apresentando características distintas, relações sociais diferenciadas entre a ocupação litorânea e outras regiões do estado.

A ocupação do alto-sertão maranhense aconteceu tardiamente em relação ao movimento expansionista que avançou de São Luís com o apoio direto do Estado português (CARVALHO, 2000). A historiografia maranhense sempre privilegiou as regiões ligadas à linha litorânea como as invasões francesa e holandesa, a Revolta de Beckman, as Reformas Pombalinas, mas muito pouco sobre o Sertão de Pastos Bons, cuja colonização apresentou aspectos particulares em relação às demais regiões. Para Cabral (1992, p. 21) "a reconstituição da identidade maranhense implica, portanto, na apreensão desses dois amplos movimentos colonizadores com tendências e encaminhamentos próprios".

Podemos afirmar que a identidade histórica maranhense foi construída a partir de um referencial que contemplou apenas as áreas com origem no litoral, constituindo-se numa visão homogeneizada da história. O discurso historiográfico, ao generalizar para todo o Maranhão, "[...] uma história que se restringe apenas a determinadas regiões, tendeu a uniformizar os diferentes espaços historicamente constituídos que compõem o Maranhão colonial" (CABRAL, 1992, p. 22).

A região Sul do Maranhão, no início do século XVIII, era habitada apenas por tribos indígenas e o povoamento decorreu da expansão da frente pastoril baiana que, expandindo-se pelo interior, atingiu a região, a partir de 1730. A iniciativa particular foi dominante na fase inicial de atuação dessa experiência colonizadora, que resultou na formação de grandes propriedades, fazendas de gado bovino de caráter extensivo. Coelho Neto (1979, p. 11) relata em sua obra "A História do Sertão do Sul do Maranhão":

> Eram baianos e nordestinos os homens que ali no alto sertão, no Sul deste grande estado, vieram criar a civilização do gado que se caracterizava na implantação das fazendas, com a casa do vaqueiro ou preposto, curral, ocupação de terras, aparecendo assim o primeiro aspecto fundiário da propriedade, pequena agricultura de sustentação, firmando a conquista definitiva com o afastamento dos gentios, seus primitivos habitantes.

Durante todo o período imperial, a forma de povoamento aproximou a região Sul aos centros açucareiros do Nordeste, isolando-se do centro administrativo maranhense. Essa frente de povoamento, diferentemente da litorânea que ocupou os rios como vias de penetração, foi colonizada tomando as terras altas, os "pastos bons", propícios para o gado e atraiu vaqueiros e criadores baianos que desbravaram o sertão inóspito e apropriaram-se das terras expulsando grupos indígenas. Sob os escombros das ocas foram surgindo numerosas fazendas de gado, núcleos econômicos e sociais, símbolo da nova sociedade que se implantava do Paraíba ao Tocantins (CABRAL, 1992). As duas linhas de povoamento, uma iniciada no litoral e outra oriunda do interior nordestino, seguiram caminhos distintos de exploração econômica e padrões de comportamento.

A origem da região sul-maranhense partiu do interior do rio São Francisco e se espalhou pelos Sertões de Pasto Bons, uma região em que se estendiam campos naturais cobertos de extensas pastagens, rios perenes, córregos e ribeirões protegidos por florestas ciliares com clima ameno e saudável, propício para a criação de gado. Carvalho (2000) afirma que Pastos Bons foi uma expressão geográfica, uma denominação regional geral dada pelos ocupantes à imensa extensão de campos abertos, constituindo-se no primeiro núcleo da civilização sertaneja do Sul do Maranhão.

Um fator importante que proporcionou a expansão da pecuária rumo aos sertões (aqui entendido como lugares mais afastados dos pontos conquistados) foi a natureza da criação de gado, feita de forma extensiva, exigindo uma grande extensão de terras, as quais eram abundantes e fartas nessa região da colônia, possuindo, naturalmente, uma infinidade de campos abertos propícios à instalação de rebanhos (DIAS, 2017).

No âmbito desta pesquisa, o resgate da história do Maranhão aqui empreendida visa a compreender os fenômenos sociais que marcaram o espaço sócio-histórico. A narrativa de Luís, um dos entrevistados que participou da pesquisa, apesar de apresentar uma visão particular dos acontecimentos, testemunha, por meio de sua narrativa, os fatos e reitera a explicação dos historiadores a respeito da colonização do Sul do Maranhão.

**Excerto 1**

| 22 | Luís | então... é::... meus pais...vieram pra cá... pro município de Balsas... |
|----|------|---|
| 23 | | vieram pra Balsas...do município de Mangabeiras... só que ouvindo |
| 24 | | a história deles... é:: o que que eu aprendi::: que eles.. é:: vieram pro |
| 25 | | Maranhão do Piauí... os... os meus avós... pais deles vieram do Piauí |
| 26 | | pro Maranhão... aí eu... é a gente percebe que eles fazem parte desse |
| 27 | | povo que povoaram primeiro... que ocuparam o estado do Maranhão... |
| 28 | | que vieram... muito tempo depois da colonização... da colonização do |
| 29 | | litoral maranhense que foi de uma outra forma... então com certeza |
| 30 | | eles vieram nessa:: leva... nessa::: nesse contingente migratório que |
| 31 | | vem junto com os criadores de gado... os vaqueiros... os que vieram |
| 32 | | incentivados pela coroa portuguesa povoar o interior do Brasil... e::: |
| 33 | | consequentemente saindo da Bahia eles passaram pelo Piauí e |
| 34 | | chegaram ao Sul do Maranhão que até então era inabitado... ou melhor... |
| 35 | | é: dizem que não existia ninguém... mas a gente sabe que existiam aqui |
| 36 | | os indígenas... isso é geral... é isso é no Brasil inteiro... |

No início do século XIX, a conquista e povoamento se intensificaram e a ocupação do alto-sertão maranhense foi um movimento caracterizado pela violência. No excerto 1, a história narrada por Luís, nas linhas 34 a 36, ilustra a condição dos índios que habitavam a região: "chegaram ao Sul do Maranhão que até então era inabitado... ou melhor... é: dizem que não existia ninguém... mas a gente sabe que existiam aqui os indígenas...". A verde região cobiçada pelos criadores de gado era habitada por numerosas tribos indígenas que se opuseram à conquista e ocupação dos colonos. Cabral (1992, p. 120) corrobora a narrativa de Luís ao afirmar:

> As agressões ininterruptas e inevitáveis permearam todo o processo de espoliação dos índios e a consequente proliferação de fazendas. A violência praticada de ambos os lados foi a tônica na luta empreendida pelo colono para quebrar a resistência do habitante autóctone. Uma após outra todas as tribos foram obrigadas a se submeter à vontade e aos desígnios do invasor que queria a posse e o controle da terra. As tribos que mais resistiram à colonização foram dizimadas. Da mesma forma eliminadas as que se mostraram mais acessíveis à confraternização.

Segundo Carvalho (2000), a ocupação do espaço por frentes pioneiras de pecuária gerou conflitos com os indígenas preestabelecidos nesta área do Centro Sul do Maranhão e geraram dinâmicas sociais, políticas e culturais diferentes. Castro (2012, p. 331) referindo-se aos grupos indígenas do Maranhão no início da colonização reitera as condições dos índios que viviam, "e ainda vivem, em situação de grande pobreza e de certos descuidos das autoridades políticas, o que também lhes impede de desenvolverem a sua própria cultura e sua própria história".

Considerando que ainda há um número expressivo de indígenas no Maranhão, Castro (2012, p. 332) acrescenta:

> [..] muitos de nossos descendentes foram gerados por mulheres indígenas doadas aos devassadores europeus. Vem daí ser muito comum ouvir-se contar, no interior do Maranhão, que a bisavó de 'Fulano' e de 'Beltrano' fora uma 'índia amansada'; que 'Fulano de Tal' casou-se com a índia 'Tal'.

Estima-se que viviam na região, no início do século XX, cerca de duzentos mil índios que aos poucos foram sendo dizimados nos confrontos e aprisionados para a venda no Pará. Dessa forma, conforme Cabral (1992), a frente de colonização exterminou, por meio de afugentamento, aprisionamento, acometimento de doenças, os indígenas das campinas sul-maranhenses para ceder lugar ao gado e fazer surgir a civilização do couro. A região de Pastos Bons, como o próprio nome indica, tinha por objetivo a implantação das fazendas de gado, os bandeirantes e entradistas vasculhavam os rios, as matas, as picadas, as serras e os índios iam rapidamente sendo dizimados, escravizados ou expulsos juntamente com sua cultura, sua língua, seus nomes (CASTRO, 2012).

Segundo Santhiago e Magalhães (2013, p. 10), a história oral "parece estar plenamente consagrada como recurso valioso para variados estudos sobre vidas, sobre grupos sociais, sobre o presente". Os relatos de histórias de vida de João, expressos pela narrativa oral, revelam os conflitos ocorridos entre os índios e os colonizadores.

**Excerto 2**

| 410 | João | Araguacema... chamava-se Santa Maria na época... aí atravessaram |
|---|---|---|
| 411 | | Araguacema... aí desceram do outro lado... foram ficar do Pará pra |
| 412 | | lá... lá perto do Marabá... na tribo de lá... quer dizer que eles foram pra |
| 413 | | lá... ele tiveram inteligência pra fazer TUDO ISSO pra se defender de |
| 414 | | uma perseguição... mas saíram atrás... mas não tiveram condições de |
| 415 | | alcançar não... chegaram aí a tropa que saiu em perseguição... rendeu |
| 416 | | ligeiro que não alcançava... quando vieram se preparar eles estavam |
| 417 | | com uma certa distância né... aí ficou por isso mesmo... |

João relata como os índios da região foram afugentados, indo abrigar-se no Pará e ressalta, na sua narrativa, os acontecimentos vividos como a resistência dos indígenas que tinham vantagens, pois conheciam a terra, mas que não foi suficiente para inibir o colonizador.

A partir desse período, com a chegada dos colonizadores, em sua maioria criadores de gado, houve a multiplicação dos rebanhos e a consequente instalação de muitas fazendas, o que definiu o caráter do povoamento e determinou também a forma de ocupação do solo. É "[...] nesse caminho que se faz a colonização, descobre-se a terra, fixa-se o homem que parte para frente, guiando-se pelos passos sertanejos do gado" (COELHO NETO, 1979, p. 20). A grande propriedade constituiu o modelo dominante de ocupação do território. As terras eram abundantes e de fácil obtenção, a maioria distribuída pelo governo em forma de sesmarias, beneficiando os fazendeiros desejosos de possuírem grandes extensões para a pecuária extensiva. Esses elementos sócio-históricos marcaram a ausência da escravidão negra em grande escala na região, o que contribuiu para uma relação de senhores e servos de uma forma voltada para o cumprimento de deveres mútuos com relações de trabalho (DIAS, 2017).

Segundo Coelho Neto (1979, p. 39), a região de Pastos Bons não era da seca, "[...] mas de terrenos excessivamente pródigos na sua vegetação, campos nutridores, doçura do ar, preciosas águas, grande fertilidade seguida ao mais pequeno cultivo", por isso atraiu tantos vaqueiros e criadores para a região, marcando de forma definitiva o roteiro para o desbravamento e povoação da região. Assim, descreve o sertanejo Coelho Neto (1979, p. 41), na sua obra História do Sul do Maranhão "[...] ante o desafio do sertão não se quedou inerte o povoador. E rio abaixo e rio acima, dava uma tomada de posição neste desejo constante do homem audaz no desafogo da aventura para a conquista da terra". Os desbravadores trouxeram consigo crenças, lendas trazidas de seus rincões que passaram de geração a geração e contribuíram para a formação da identidade sertaneja.

A partir do final do século XIX foi iniciada a navegação pelo rio Balsas a partir do rio Parnaíba. A navegação a vapor foi inaugurada em 1911 e ligou a região a outros centros como também à capital piauiense Teresina. A narrativa de João, no excerto 3, ressalta a dificuldade de transporte, sendo o rio Balsas a única possibilidade de tráfego de mercadorias, com embarcações rústicas feitas de talos de buritis e o escoamento de produtos pelo barco a vapor.

## Excerto 3

| 154 | João | é... naquela época... por exemplo... quando [SI]... dizer eu com 10 |
|-----|------|---------------------------------------------------------------------|
| 155 |      | anos... que aí já tá mais claro... né..bem... é um caso diferente... que |
| 156 |      | a senhora vê que é uma coisa mesmo... uma coisa mesmo quase de |
| 157 |      | índio... né... o transporte aqui era o burro... nós vivia do campo... e aqui |
| 158 |      | nesse Gerais de Balsas... por exemplo... vinha para o Balsas o arroz e |
| 159 |      | tudo que era plantado e criado aí nesse Gerais de Balsas... vinha na |
| 160 |      | balsa... no talo de buriti... mas que o transporte à vapor já existia... já |
| 161 |      | existia desde lá por volta de 1911... justamente o primeiro barco que |
| 162 |      | veio... portou dessa rampa aí... da ponte da amizade... foi em 1911... |
| 163 |      | em junho... comandada pelo comandante Tomás... parece (SI)... era o |
| 164 |      | comandante do barco... não estou bem lembrado o nome do barco... |

A história contada por João relata a precariedade da região quando na linha 157 diz: "O transporte aqui era o burro...", reafirmando ainda a importância do transporte fluvial que utilizava a balsa: "aqui nesse Gerais de Balsas... por exemplo... vinha para o Balsas o arroz e tudo que era plantado e criado aí nesse Gerais de Balsas... vinha na balsa... no talo de buriti...".João também ratifica a história quando se refere à importância do rio para o desenvolvimento da região: "mas que o transporte à vapor já existia... já existia desde lá por volta de 1911... justamente o primeiro barco que veio... portou dessa rampa aí... da ponte da amizade... foi em 1911... em junho...".

O início do século XX foi marcado pela agricultura de subsistência, introduzindo a unidade de produção tipo roça, por meio do trabalho autônomo e familiar dos homens liberados pela escravidão e pelos colonos que não conseguiram acumular capital comercial. Em uma reordenação, com um novo processo de mobilização social e do trabalho, esses trabalhadores do Maranhão juntaram-se a outros trabalhadores rurais do Nordeste tangidos pela concretização do latifúndio e alguns fugindo da seca do Ceará e Piauí, adentraram os vales dos rios Mearim, Parnaíba e Balsas, com o objetivo de cultivar a terra e produzir alimentos agrícolas para o seu sustento, ocupando as terras ditas devolutas, ou seja, terras públicas sem destinação pelo Poder Público e que em nenhum momento integraram o patrimônio de um particular (CARVALHO, 2000). Surge, assim, a figura do posseiro, identificado como lavrador ou camponês que, com sua família, veio cultivar a terra e produzir alimentos para seu sustento.

Às extensas chapadas para a criação de gado somavam-se pequenos agricultores familiares com suas criações e pequenas produções agrícolas de subsistência como o plantio de arroz e milho protagonizando traços peculiares de uma população marcadamente agrícola. No excerto 4, João explica na narrativa oral os meios rudimentares de exploração e o modo incipiente de explorar a terra para o sustento das famílias.

A CONSTRUÇÃO DE IDENTIDADES: (des)encontros no sul do Maranhão 47

### Excerto 4

| 296 | João | bem... são tantos os fatores... assim... tudo de pequenininho... mas |
|-----|------|---|
| 297 |      | de qualquer forma é... cresce assim como uma planta cresce é como |
| 298 |      | uma pessoa cresce né... começa mesmo quase do zero e vai indo... aí |
| 299 |      | (SI) lavoura muito resumida... no facão... não era nem na foice. A foice |
| 300 |      | não era usada no tempo que eu era rapazinho de 15 anos... a foice |
| 301 |      | era coisa do outro mundo... era o facão... aqui a gente chama chaço... |

Conforme Dias (2017), no final do século XIX e início do século XX o Maranhão passou por um momento ímpar em sua história econômica e política. Em função da falta de inovações tecnológicas nos sistemas produtivos agroindustriais, o estado passou a desenvolver uma trajetória de decadência financeira, o que fez emergir uma elite política centralizadora de poderes político-econômicos locais e regionais. Dessa forma, fizeram-se presentes estratégias de manutenção dos poderes públicos (Executivo, Legislativo e Judiciário), por meio das mãos dos latifundiários maranhenses que fizeram surgir as oligarquias que se estenderam por todo século XX e início do século XXI.

No excerto 5, Luís se refere à "política oligárquica" ocorrida no Maranhão que se desencadeou pela associação estabelecida dos profissionais da política com práticas patrimonialistas, com domínio familiar, com laços de dependência com o poder central, com resquícios de instrumentos tradicionais de mando político como o coronelismo.

### Excerto 5

| 172 | Luís | por que era assim... esses eram... é Balsas era um fruto de uma |
|-----|------|---|
| 173 |      | região daqui do Sul do Maranhão de:: dessa forma:: de política do |
| 174 |      | coronelismo do Nordeste do Brasil... então essa cultura nossa daqui |
| 175 |      | veio de lá... não que esse tipo de exercer o poder sobre o povo... que |
| 176 |      | a gente chama de coronelismo não que existia só no Nordeste... mas |
| 177 |      | só para afirmar pra você como era vivenciado esse relacionamento |
| 178 |      | político na época... então era o que eu lembro sabe... na próxima |
| 179 |      | é... numa determinada eleição era o compadre com o compadre... |
| 180 |      | era adversário um do outro... quer dizer eram famílias tradicionais |
| 181 |      | que mantinham um convívio entre elas... não tinha também essa |
| 182 |      | coisa tão perigosa de mandar matar... mas era isso mais ou menos... |

Luís, em sua narrativa, descreve uma experiência típica dos primeiros anos da república no Brasil: "é Balsas era um fruto de uma região daqui do Sul do Maranhão de:: dessa forma:: de política do coronelismo do Nordeste do Brasil...". O coronel era uma autoridade inquestionável, amparado pela concentração fundiária, desde o início da colonização, marcou a estrutura social e política não só de Balsas, mas de todo país: "mas só para afirmar pra você como era vivenciado esse relacionamento político na época...".

No que se refere à situação político-econômica da região, tomando como base as referências de Cabral (1992) e Coelho Neto (1979), o início do século XX apresentava avanços, sobretudo pelo surgimento de rotas comerciais com a exploração da navegação do rio Balsas visando à integração econômica da região.

Conforme as palavras de Pereira (2014), o baiano Antônio Jacobina, homem de espírito comunicativo, mercador de fumo, saiu de sua terra natal em consequência da seca que assolava o estado da Bahia e, após observar o contínuo movimento de fazendeiros e vaqueiros que transitavam pelo Porto de Caraíbas, instalou-se na região, prevendo boas perspectivas de negócio e um crescimento rápido para o lugar. A partir daí, surgiu Vila Nova e posteriormente Santo Antônio de Balsas, um vilarejo que, em 1919, já registrava um grande fluxo de viajantes vindos do Piauí, da Bahia e de Goiás, "[...] tornando-se sertanistas balsenses" (PEREIRA, 2014, p. 31). A formação social constituída nessa região de Balsas deu-se por diferentes grupos, oriundos de diferentes lugares, influenciados por fatores externos, econômicos e sociais que ocasionaram um fluxo migratório que fez constituir o espaço designado Sertão do Sul do Maranhão e seus moradores constituidores da região.

Em 1926, atraídos pelo período econômico que vivia Balsas, ocorreu a chegada dos sírio-libaneses que se instalaram na cidade, formando uma colônia voltada para a atividade comercial e, afeiçoados às pessoas do local, permaneceram na cidade e tiveram grande atuação na vida econômica, política e educacional.

Luís, em seu relato, menciona que essas famílias tiveram grande influência política na região, além de possibilitar o atendimento médico aos moradores, sem acesso aos serviços de saúde.

**Excerto 6**

| 253 | Luís | do pessoal do::: esses sírios libaneses que chegaram... que |
| --- | --- | --- |
| 254 | | eles são pessoas... que tiveram uma gran::de influência na |
| 255 | | cidade... chegaram a ser prefeitos... vereadores... eles tiveram |
| 256 | | grande influência política mesmo na forma de:: trabalhar... |
| 257 | | de formar o povo... eles tiveram grande influência... essa |
| 258 | | aí foi... você lembrou muito bem... por exemplo... um dos |
| 259 | | membros dessa família que por ser... por muito tempo... o |
| 260 | | único médico da cidade... foi uma vida toda... esse povo |
| 261 | | vieram de Pernambuco... porque Pernambuco é um lugar que |
| 262 | | tinha esse acesso... esse dinamismo com o mundo inteiro... |
| 263 | | Pernambuco... Salvador e por aí... você sabe que é:: esse |
| 264 | | Brasil Norte... Nordeste e o Central é... ele foi povoado... |
| 265 | | nesse processo de colonização por esse litoral aqui Norte e |
| 266 | | do Nordeste do Brasil... a coroa chegava... a coroa portuguesa |
| 267 | | chegava no interior principalmente pelo:: Nordeste do Brasil... |

A colônia sírio-libanesa foi muito importante para a região, como relata Luís na linha 256-257 "na forma de:: trabalhar... de formar o povo...", além de ter contribuído para o desenvolvimento educacional, trazendo o professor João Joca Rêgo, do colégio Pedro II, no Rio de Janeiro, para fundar o "Instituto Sírio Brasileiro" com uma visão ampla a respeito dos métodos de ensino, transformando-se mais tarde no Educandário Coelho Neto.

Em 1952, chegaram a Balsas os Padres Missionários Combonianos, Congregação fundada por São Daniel Comboni, em 1º de junho 1867, em Verona, na Itália. As primeiras missões foram abertas no Maranhão, em Balsas, e no Espírito Santo, onde, além de evangelizar, implantaram inúmeras melhorias como construção de igrejas, hospitais e escolas (PEREIRA, 2014). Para Coelho Neto (1979, p. 137) "Santo Antônio de Balsas era evidente a todos. Crescia a sua população e os que chegavam, juntavam-se com os filhos da terra ali nascidos e davam passos decisivos para o seu desenvolvimento econômico e cultural".

Com a ocupação e valorização das terras no Maranhão, foi necessário um respaldo jurídico, sendo criada a Lei Estadual Nº 2.979/1969, que estabeleceu o direito agrário de modo a disciplinar as regras da propriedade de terra. Segundo essa lei, só poderia ser dono de terras quem comprovasse haver comprado a propriedade. Segundo Dias (2017), houve também articulações públicas que viabilizaram a venda de grandes parcelas do território maranhense consideradas "terras devolutas" para grandes grupos empresariais, o que fatalmente provocou um dos maiores fluxos migratórios para os centros urbanos já registrados na história maranhense, ocasionando processos de ocupações irregulares de áreas periurbanas, bem como geraria conflitos entre posseiros, grileiros e "novos" proprietários de terras. Assim, por meio de políticas de desenvolvimento regional e de incentivos fiscais que facilitavam a aquisição de terras, o Maranhão, assim como outros estados da Amazônia, foi colocado à disposição para instalação de grandes projetos agropecuários, permitindo a aquisição de terras devolutas do Estado pelos grandes grupos capitalistas nacionais e internacionais.

A partir de 1970, registrou-se na região sul-maranhense a vinda de muitos migrantes de diversas partes do Brasil, atraídos pelas terras férteis, dentre eles muitos agricultores sulistas, principalmente gaúchos. Segundo dados do IBGE (2016a) a população balsense passou de 19.385 habitantes em 1970 para 83.528 no último censo em 2010, tendo uma migração ininterrupta ao longo de mais de cinco décadas, conforme os dados da Tabela 1 a seguir:

Tabela 1 – População residente e domicílios 1970-2010

| População residente e domicílios 1970 – 2010 | | | | | |
|---|---|---|---|---|---|
| | 1970 | 1980 | 1991 | 2000 | 2010 |
| Domicílios | 3442 | 4460 | 8327 | 13102 | 21310 |
| População | 19385 | 23703 | 41648 | 60163 | 83528 |

Fonte: IBGE (2016a).

Embora o início da migração sulista tenha ocorrido na década de 70, ao observar a população residente e os domicílios, constatamos uma variação maior ocorrida entre o censo de 1980 a 1991 com um aumento significativo da população no período. No início da década de 80 foi iniciado o plantio da soja e esse fato se consolidou com a chegada de apoio técnico-científico da Empresa Brasileira de Pesquisa Agropecuária (EMBRAPA) e da Fundação de Apoio à Pesquisa do Corredor de Exportação Norte (FAPCEN); de investimentos estaduais no tocante à infraestrutura, através do Corredor de Exportação Norte, atraindo produtores de o todo país e toda logística necessária ao desenvolvimento do agronegócio.

Em Balsas, o fluxo migratório é fruto de um contexto particular, motivado pela expansão da fronteira agrícola. O desenvolvimento do agronegócio atraiu uma quantidade expressiva de trabalhadores que partiram de diversas regiões do país em busca de melhores condições de vida, principalmente agricultores sulistas em busca de um pedaço maior de terra para plantar. O Maranhão transformou-se no destino desses agricultores, quando o cerrado, um ecossistema antes considerado improdutivo, uma área considerada imprópria para a agricultura, tornou-se um bioma produtivo assumindo hoje seu status de um dos maiores produtores de alimentos do Nordeste. Além dos agricultores, logo começaram a chegar à região migrantes que vinham se estabelecer na cidade com empresas de prestação de serviços à agricultura, vendas de insumos ou mesmo indústrias de apoio ao agronegócio, bem como pessoas de várias cidades circunvizinhas atraídas pela possibilidade de trabalho, educação e desenvolvimento.

Luís, em sua narrativa, ao contar sobre a chegada dos sulistas à região, enfatiza o impacto sofrido pela cidade com a chegada dos migrantes.

# A CONSTRUÇÃO DE IDENTIDADES: (des)encontros no sul do Maranhão

## Excerto 7

| 122 | Luís | que nós estamos mais na atualidade... foi esse influência... que |
|---|---|---|
| 123 | | foi essa chegada do pessoal do Sul... dos sulistas porque isso |
| 124 | | foi a abertura de uma fronteira agrícola que houve... aí esse que |
| 125 | | foi o impacto maior porque movimentou... mexeu diretamente |
| 126 | | com a economia da cidade e mexeu com o sentido de mudar a |
| 127 | | economia da cidade e mudar relações porque foram... é:: não eram |
| 128 | | poucas pessoas... foram muitas famílias que vieram que ainda hoje |
| 129 | | chegam mas houve um período que foi muito grande a chegada |
| 130 | | desse povo... a presença... com formas de pensar diferente... |
| 131 | | formas de agir... a economia diferente... culturas diferentes... então |
| 132 | | isso foi outro impacto muito grande que:: Balsas sentiu e:: |

A narrativa demonstra o avanço da fronteira agrícola e as transformações ocorridas a partir da instalação de uma nova dinâmica produtiva "isso foi a abertura de uma fronteira agrícola que houve... aí esse que foi o impacto maior porque movimentou... mexeu diretamente com a economia da cidade". Expressa também como o contingente de migrantes de outras regiões provocaram importantes impactos sociais e econômicos "não eram poucas pessoas... foram muitas famílias que vieram que ainda hoje chegam...". Luís em seu discurso enfatiza as modificações ocorridas "com formas de pensar diferente... formas de agir... a economia diferente... culturas diferentes..."

Os processos de territorialização ocorridos em Balsas refletem um processo de reestruturação da sociedade, um processo não homogêneo, nem uniforme que engloba um conjunto de fatores sociais e culturais, como apresenta Miranda (2011, p. 23):

> O cultivo da soja teve início no final da década de 1970, quando famílias oriundas do Rio Grande do Sul migraram para a região e avançaram sobre as chapadas balsenses, áreas até então consideradas improdutivas pela população local. Em associação ao processo de ampliação da sojicultura, ocorreram significativas mudanças ambientais, sociais, econômicas e políticas.

Segundo Miranda (2011), entre a década de 1970 a 1980, a atividade agrícola no Sul do Maranhão era ainda considerada familiar. Embora o cultivo fosse em média de 200 hectares, a organização e o trabalho eram realizados pelas famílias que possuíam de três a quatro filhos que operavam as máquinas e, no máximo, dois funcionários temporários (plantio e colheita) para realizar o trabalho braçal. A partir de 1980, o estado ofertou crédito e implementação de programas e políticas públicas de fomento à agropecuária e propiciou a entrada das grandes *tradings* – a Archer Daniels Midland Company (ADM),

Bunge, Cargill, Ceagro, juntamente com a Empresa Brasileira de Pesquisa Agropecuária (EMBRAPA) e a Companhia Vale do Rio Doce (CVRD) para a utilização da Estrada Ferroviária de Carajás (EFC) no escoamento da produção, através do Porto de Itaqui, e pavimentação do trecho da BR-230 que liga Balsas a Floriano (PI).

Nesse cenário, surgiram grandes projetos agropecuários no cerrado, transformando Balsas no terceiro maior município produtor de grãos de soja da região do MATOPIBA (Maranhão, Tocantins, Piauí e Bahia), ao mesmo tempo em que desencadeou conflitos e processos de mudanças ambientais e de territorialização no Sul do Maranhão. Outro fator relevante que alavancou o progresso na região foi a pesquisa que desenvolveu uma variedade de soja tropical própria para a região, além do embarque dos grãos para exportação pelos trilhos das estradas de ferro Carajás e Norte-Sul, que impulsionou o crescimento do polo produtivo de soja para exportação no cerrado maranhense.

Esses agentes externos ao Maranhão que trouxeram e desenvolveram técnicas avançadas à agricultura ganharam legitimidade com a referência ao chamado "gaúcho pioneiro". O chamado "pioneiro" aparece como o agente introdutor de uma nova agricultura consolidada com o incremento gradativo da produção de soja, e, dessa forma, está associado a um contexto de mudanças sociais e econômicas que marcou a passagem de gerações de agricultores em áreas que, atualmente, estão marcadas pela dinâmica do chamado "agronegócio" (GASPAR, 2015). Ao cerrado foram, então, paulatinamente, incorporadas novas formas de pensar e de se apropriar dos recursos da região, novos agentes chegaram e se estabeleceram e novas relações sociais se impuseram ou passaram a concorrer com as já existentes.

Conforme a visão sociológica de Martins (1996, p. 27), as fronteiras agrícolas no Brasil foram caracterizadas por intensos conflitos sociais. Para o autor, nesses conflitos, "a fronteira é essencialmente o lugar da alteridade, é uma realidade singular, um lugar de encontro dos que por diferentes razões são diferentes entre si". Índios, camponeses, grandes proprietários de terras, diferentes visões de mundo desses grupos humanos se encontraram na região sul-maranhense gerando conflitos decorrentes das diferentes concepções de vida e visões de mundo de cada um.

A história contemporânea da fronteira no Brasil está relacionada a lutas étnicas e sociais e parece distante do nosso tempo, mas ainda entre as décadas de 1970 a 1990 diferentes tribos indígenas da Amazônia sofreram pelo menos 92 ataques organizados, principalmente, por grandes proprietários de terra, com a participação de seus pistoleiros, usando armas de fogo. Por seu lado, diferentes tribos indígenas realizaram pelo menos 165 ataques a grandes fazendas e a alguns povoados para impedir que continuassem invadindo seu território (MARTINS, 1996).

O autor acrescenta ainda sobre as situações de conflito nas fronteiras agrícolas no Brasil:

> Não só os índios da fronteira foram envolvidos na luta violenta pela terra. Também os camponeses da região, moradores antigos ou recentemente migrados, foram alcançados pela violência dos grandes proprietários de terra, pelos assassinatos, pelas expulsões, pela destruição de casas e povoados. Entre 1964 e 1985, quase seiscentos camponeses foram assassinados em conflitos na região amazônica, por ordem de proprietários que disputavam com eles o direito à terra (MARTINS, 1996, p. 27).

A disputa pela terra sempre gerou conflitos, pois as apropriações territoriais e os processos de fraude documental sempre ocasionaram violência e desigualdade fundiária no país. Esses conflitos também aconteceram na Amazônia e nos cerrados, principalmente quando se tornaram, desde 1970, as novas regiões de fronteira agrícola do país em virtude da possibilidade de produção.

A diversidade histórica da fronteira entre Frente de Expansão e Frente Pioneira não são precisamente conceitos, mas, designações por meio das quais os pesquisadores reconhecem que estão diante de diferentes modos de como os civilizados se expandem territorialmente.

Na frente de expansão a terra em si não tem valor, a frente de expansão aparece como sendo expansão da sociedade nacional, da ocupação do espaço, uma situação de contato referindo-se às relações entre índios e brancos. Essa expansão parte de uma rede de trocas e de comércio em que, quase sempre, o dinheiro está ausente, destacando-se o poder pessoal e o controle dos recursos materiais na sua relação com os que explora, índios ou camponeses. O mercado opera pela dominação pessoal, tanto na comercialização dos produtos quanto nas relações de trabalho.

Já a concepção de frente pioneira "compreende implicitamente a ideia de que na fronteira se cria o novo, nova sociabilidade, fundada no mercado e na contratualidade das relações sociais" (MARTINS, 1996, p. 29). Para Laurent e Osis (2019), a frente pioneira é o limite extremo onde se estabelecem migrantes sobre um espaço vazio ou pouco povoado, constituindo uma relação com o espaço ocupado e a origem de um socioecossistema, ou seja, um sistema coerente de fatores sociais e biofísicos que interagem regularmente em contínua adaptação. Assim, a frente pioneira não é apenas o deslocamento da população sobre territórios novos, é também a situação espacial e social que leva à modernização, à formulação de novas concepções de vida e à mudança social.

A realidade demográfica de Balsas à princípio foi a dinâmica da frente de expansão, definiu-se em muitos pontos em consequência de características próprias da agricultura de roça. Tratou-se de um deslocamento lento, regulado pela prática da combinação de períodos de cultivo e períodos de descanso da terra. Depois de um número variável de anos de cultivo do terreno, os agricultores se deslocavam para um novo terreno em direção à mata, incorporando-a à pequena agricultura familiar.

Sobre a ocupação do Sul do Maranhão esclarece Martins (1996, p. 43):

> Tipicamente, a frente de expansão foi constituída de populações ricas e pobres que se deslocavam em busca de terras novas para desenvolver suas atividades econômicas: fazendeiros de gado, como ocorreu na ocupação das pastagens do Maranhão por criadores originários do Piauí; seringueiros e castanheiros que se deslocaram para vários pontos da Amazônia. E mesmo agricultores levaram consigo seus trabalhadores, agregados sujeitos a formas de dominação pessoal e de exploração apoiadas no endividamento e na coação.

Com a chegada de grileiros, especuladores, grandes proprietários e empresas, os camponeses ou eram integrados no mercado de trabalho como assalariados sazonais ou expulsos de suas terras e empurrados para "fora" da fronteira econômica. A partir daí as migrações espontâneas passaram a ser forçadas e iniciou a luta pela terra, muitas vezes, os camponeses, pressionados pelas situações de legalidade, vendiam por valores irrisórios, em uma aparente falta de alternativas. A intervenção direta do estado acelerou o deslocamento dos típicos agentes da frente pioneira sobre territórios novos, em geral já ocupados por aqueles que haviam se deslocado com a frente de expansão.

Essa situação de fronteira é um ponto de referência privilegiado para a pesquisa porque encerra uma riqueza de possibilidades históricas e diferentes situações sociais. A constituição da chamada região do Gerais de Balsas ocorreu por meio de um processo complexo, houve uma grande diversidade de personagens, atividades econômicas e relações sociais específicas. Os processos migratórios ocorridos não foram simples em nenhuma perspectiva, nem para as pessoas que se deslocaram no espaço como também para a comunidade de origem que foi afetada por esses movimentos em várias dimensões: econômicas, sociais, políticas, demográficas, atingindo as relações dos envolvidos e, consequentemente, suas identidades.

Os processos de territorialização e desterritorialização envolvem perdas e conquistas que exigem adaptação e recriação de espaços totalmente novos. No contexto analisado, novos para os migrantes que chegavam a um novo território; e novos aos sertanejos, que em sua maioria migraram para a cidade ou tiveram que conviver com uma tecnologia e culturas diferentes em um transcurso de readaptação.

No excerto abaixo, diante do contexto de inserção das pessoas a novos territórios ou a diferentes culturas, Vitória narra o que significou para os maranhenses e os migrantes os processos territorializantes que demarcaram os espaços e ressignificaram a vida e a cultura da região do cerrado maranhense.

**Excerto 8**

| 443 | Vitória | olha... eu acho... eu acho que SIM... TÃO doloroso acho que não... |
|---|---|---|
| 444 | | não vamos cair em exagero... mas de ter sido doloroso foi... pra |
| 445 | | quem chegou encontrou toda uma cultura diferenciada... um meio |
| 446 | | ambiente bastante comum como o clima... uma vegetação... é:: |
| 447 | | digamos desconhecida para eles... totalmente diferente...isso foi |
| 448 | | doloroso pra quem chegou... condições de sobrevivência diferente |
| 449 | | também... então aqui nós sabemos do desenvolvimento do Sul |
| 450 | | do Maranhão naquela época e ainda agora... nós não tínhamos |
| 451 | | e por vezes não temos tudo aquilo que tinha no Rio Grande de |
| 452 | | Sul... Paraná.. São Paulo... Santa Catarina e:: e no primeiro |
| 453 | | momento principalmente do Rio Grande do Sul de onde vieram... |
| 454 | | posteriormente Paraná... São Paulo... Mato Grosso... então aqui |
| 455 | | não estavam acostumados esses sulistas... então foi doloroso para |
| 456 | | eles... foi doloroso para os maranhenses porque principalmente |
| 457 | | para alguns sertanejos porque muitos dos sulistas ou talvez não |
| 458 | | muitos... alguns dos sulistas que aqui chegaram... chegaram |
| 459 | | com muita SEDE de adquirir muitas terras e... nós temos muitos |
| 460 | | processos de desapropriação... de tomada de terra... eu mesma |
| 461 | | participei de alguns estudos na época do... Bispo Dom Franco |
| 462 | | que tinha liderava a pastoral da terra... nós temos muitas terras |
| 463 | | que foram tomadas... que foram invadidas e que as pessoas que |
| 464 | | eram moradores naturais das terras que habitavam ali... famílias... |
| 465 | | tetravô... bisavô... triavô... etc... moravam naquelas terras ali... |
| 466 | | essas pessoas perderam as terras... muita gente não SAbe... mas |
| 467 | | eu sei... eu conheci a história... pessoas foram assassiNAdas nesse |
| 468 | | Gerais de Balsas por causa da tomada...da invasão de terra... não |
| 469 | | foram poucos pessoas tá... então as pessoas eram assassinadas... |
| 470 | | ainda não há tanto tempo... aqui |

Vitória utiliza a narrativa para descrever esse processo complexo que foi a chegada dos migrantes, principalmente sulistas no Maranhão, e o ajustamento e integração que originou a configuração de uma nova sociedade. A narrativa de Vitória neste ponto da interação explica que o processo de adaptação não foi simples como nas linhas 443-444 "TÃO doloroso acho que não... não vamos cair em exagero... mas de ter sido doloroso foi...". Ao abordar as dificuldades encontradas, a narradora enfatiza de um lado, aqueles que se representam como "modernidade", de outro, os que mobilizam o passado, estimulados pela cultura, como requisito para ocupar sua posição, com os direitos que lhes são inerentes.

Embora os processos migratórios sempre tenham existido, no presente eles têm novos significados e consequências, pois envolvem processos que diferem das migrações em outros períodos históricos. A peculiaridade desta pesquisa é que as migrações são recentes e os narradores não são os migrantes, mas os moradores nascidos no lugar, que constroem o processo de construção de identidades mostrando em suas narrativas o impacto, a visão que os maranhenses têm a respeito da migração.

A partir do entrecruzamento das histórias orais contadas e da historiografia oficial, este capítulo abordou os complexos movimentos de expansão territorial no Brasil, especificamente no Maranhão, dados por razões múltiplas, sejam motivações políticas, econômicas ou pessoais, socialmente legitimadas, em que as fontes orais exercem um papel fundamental na compreensão dos fatores sociais, religiosos e comportamentais e constituem um recurso precioso para o entendimento desse contexto de diversidade nos dias atuais. O contexto sócio-histórico apresentado é o cenário das narrativas analisadas vistas como práticas sociais constitutivas da realidade.

O próximo capítulo tem como foco as narrativas como fonte privilegiada para registrar a memória viva, construindo uma imagem abrangente do vivido e como fruto do diálogo de diferentes identidades em um espaço de subjetividade.

# 3. NARRATIVAS COMO CONSTRUÇÕES DISCURSIVAS SITUADAS EM CONTEXTOS INTERACIONAIS

À medida que os estudiosos de todas as disciplinas se tornaram cada vez mais interessados na narrativa, o estudo tornou-se cada vez mais interdisciplinar. Perpassa a Linguística, Educação, Filosofia, Sociologia, Psicologia dentre outras áreas até mesmo do Comportamento Organizacional, com o intuito de responder a questões principalmente sobre linguagem: a) como a narrativa está estruturada?; b) quais os recursos textuais e discursivos que são mobilizados durante o ato de narrar?; c) como as pessoas usam histórias para mostrar identidades sociolinguísticas?; d) como a narrativa circula o poder social e cria e perpetua relações sociais?

Segundo Johnstone (2001), enquanto continuamos a pensar sobre os usos da narrativa na vida humana, estamos dando atenção crescente aos efeitos políticos da narrativa, vendo-a não só como forma de criar a comunidade, mas como recurso para dominar os outros, para expressar solidariedade, para a resistência e conflito; um recurso, isto é, na negociação contínua através da qual os seres humanos criam linguagem e sociedade enquanto falam e atuam. Percebemos a narrativa cada vez mais como uma forma de construir "eventos" e dar-lhes significado, à medida que extraímos o fluxo da experiência e damos limites e significado ao rotulá-los.

A atividade de contar histórias é própria do ser humano como ser social. A todo o momento, contamos e ouvimos histórias. Elas nos cercam, permeiam as nossas vidas desde as mais tenras histórias de uma criança até as palavras sábias e carregadas de experiência dos anciãos. Segundo Johnstone (2001), falar sobre o passado ou o presente é aparentemente algo que todos os humanos fazem, um "impulso autobiográfico", o desejo de tornar a vida coerente ao contar sobre si mesmo e deve ser universal; a narrativa pessoal é a forma como fazemos sentido de nós mesmos como indivíduos e como membros de uma sociedade.

O psicólogo cognitivista Bruner (1987) refere-se às narrativas como histórias, dramas e relatos históricos que enfatizam as intenções e as ações humanas e afirma que parece que não temos outra maneira de descrever o tempo vivido, salvo na forma de uma narrativa. Ochs e Capps (2001) também postulam que a narrativa pessoal é onipresente. Seja em uma loja, ao longo da estrada, no trabalho, no lazer, em casa ou em outros ambientes comunitários, quando as pessoas estão juntas, elas tendem a falar sobre eventos, aqueles que ouviram ou leram, aqueles que experimentaram diretamente e aqueles que imaginam.

> A narrativa está presente numa infinita diversidade de formas, em todas as épocas, em todos os lugares, em todas as sociedades; começa com a própria história da humanidade e não há nem tem havido um povo sem narrativa. Todas as classes, todos os grupos humanos têm suas narrativas, cujo desfrute é muitas vezes compartilhado por homens com origens culturais diferentes e até opostas. A narrativa transcende o tempo e o espaço e está no centro da ação constante de todas as vidas (KIM, 2013).

Este capítulo apresenta diferentes abordagens sobre o estudo da narrativa com o intuito de trazer à reflexão o motivo de elas serem formas de interação/representação da vida tão presentes no cotidiano. Para tanto, recorre-se a autores como Bamberg (2012), Bastos e Santos (2013), De Fina e Georgakopoulou (2012), Jovchelovitc e Bauer (2002), dentre outros, para se discutir: a) o que é o ato de contar histórias; b) qual é a relevância de se estudar narrativas; c) o que é fazer pesquisa narrativa.

Partindo do princípio de que todas as pessoas têm uma história para contar, entende-se que as pessoas, ao experienciarem o ato de narrar, constroem-se a si mesmas e dão sentido ao mundo a sua volta. Nesse sentido, é possível considerar que as narrativas orais espontâneas são o resultado das experiências de ações vivenciadas pelas pessoas, com maior ou menor grau de detalhes, conforme os interesses do narrador e dos elementos que constituem os acontecimentos a serem narrados. Contudo, as pessoas constroem-se não apenas pelo ato de narrar histórias, mas também pelo ato de ouvi-las. Para Flannery (2015, p. 13), "[...] ouvir as histórias de outrem é abrir-se para descobrir um pouco sobre o seu mundo".

Segundo Bastos e Santos (2013, p. 09), "[...] o ato de contar e ouvir histórias tem exercido um fascínio sobre nós através dos séculos, nas mais diversas sociedades, nas mais diversas ocasiões sociais". O interesse em histórias de vida contadas nas mais diversas instâncias se justifica porque estudá-las é uma forma de compreender a vida em sociedade (BASTOS, 2007). Em uma roda de amigos, em animadas conversas familiares ou em ambientes de trabalho, prazerosas ou sofridas, as narrativas fazem parte do nosso dia a dia. Segundo Bastos (2007, p. 80) "atualmente tem-se procurado compreender por que as narrativas são tão presentes na vida cotidiana, o que significa contá-las, o que estamos fazendo ao contá-las ou por que gostamos de contá-las e ouvi-las".

No que se refere a estudos de narrativas, Bastos (2005, p. 81) afirma que a análise desse tipo de atividade social "[...] envolve um processo dinâmico e situado de expor e interpretar quem somos". Sob o enfoque linguístico, o estudo de narrativas constitui-se como uma das abordagens teóricas e metodológicas mais difundidas contemporaneamente para o entendimento do discurso. Contudo, a autora argumenta que o formato discursivo da narrativa propiciou um arcabouço de estudos e abordagens teóricas que possibilitaram estudar as narrativas não apenas com o intuito de compreender os fenômenos linguísticos em si mesmos, mas também com a possibilidade de se chegar a outras análises. Nessa perspectiva, Jovchelovitc e Bauer (2002, p. 90) afirmam que:

> As narrativas são infinitas em sua variedade, e nós as encontramos em todo lugar. Parece existir em todas as formas de vida humana uma necessidade de contar; contar histórias é uma forma elementar de comunicação humana e, independentemente do desempenho da linguagem estratificada, é uma capacidade universal. Através da narrativa, as pessoas lembram o que aconteceu, colocam a experiência em uma sequência, encontram possíveis explicações para isso, e jogam com a cadeia de acontecimentos que constroem a vida individual e social. Contar histórias implica estados intencionais que aliviam, ou ao menos tornam familiares, acontecimentos e sentimentos que confrontam a vida cotidiana normal.

Nesse sentido, as narrativas são formas privilegiadas para trabalhar os fatos sociais, as experiências individuais e coletivas e, sobretudo, as ações dos indivíduos sócio-históricos. O ato de contar histórias não se reduz ao fato de relatar fidedignamente os eventos vividos no passado, em uma relação de correspondência direta com a realidade. As narrativas não são produções de falas que devem ser consideradas pela dicotomia verdadeiro/falso. Elas expressam a representação de um ponto de vista, de uma situação específica no tempo e no espaço e estão sempre inseridas no contexto em um determinado espaço sócio-histórico. Bastos e Santos (2013, p. 27) consideram que:

> Uma das principais vantagens de se trabalhar com a narrativa é que se trata de um instrumento através do qual as pessoas atribuem unidade e coerência à sua existência, e o estudo de como as pessoas costuram elementos dispersos para realizar essa construção pode ajudar na compreensão de como essas produções dão forma ao significado da existência humana no âmbito pessoal e coletivo em vários contextos sociais.

A coerência deve ser entendida como uma realização cooperativa, uma negociação entre os interlocutores em que o contexto micro torna-se pesquisável e o discurso transforma-se em um objeto privilegiado de pesquisa social, considerando a narrativa uma forma de compreensão acerca das experiências humanas.

Com o aprofundamento e desenvolvimento das análises das histórias contadas, muitos pesquisadores passaram a considerar a narrativa como uma forma de organização básica da experiência humana, por meio da qual se pode estudar a vida social em geral. Assim, surgiram vários instrumentos teórico-metodológicos para coletar e analisar narrativas. Talvez isso explique o aumento do interesse pelas histórias em situação de entrevista com o intuito de compreender não apenas o sentido que os indivíduos fazem de si mesmos, como também sua compreensão do mundo e de suas experiências nesse mundo (BASTOS, 2007). Dessa forma, o processo de investigação das entrevistas narrativas revela também um pesquisador que não é neutro, sempre atento à complexidade do que é investigado e que interage na construção narrativa do entrevistado para analisar e compreender melhor a experiência como é contada.

Mishler (2002) também acrescenta que o foco dos analistas narrativos é tanto sobre o que é dito quanto sobre quem o diz e como, e, portanto, há uma ênfase declarada na linguagem e discurso, e maior atenção aos contextos de narração do que em tradições anteriores nas Ciências Sociais. O trabalho inicial de Mishler sobre entrevistas e narrativas (1986) foi exemplar em chamar a atenção para a entrevista como um cenário, para a dinâmica da delimitação e emergência das histórias nesse contexto e para o significado dos pressupostos culturais que o entrevistador e o entrevistado deram às entrevistas. Ele apontou a coconstrução como central para contar histórias e outros mecanismos de discurso como objetos dignos de atenção. Seu trabalho serviu de guia para muitas pesquisas no projeto de estudos baseados em narrativas.

Para De Fina e Georgakopoulou (2012), a pesquisa narrativa tende a ser um campo de perspectivas múltiplas e às vezes concorrentes em uma ampla gama de áreas de humanidades e Ciências Sociais. Para as autoras, a princípio, a narrativa é um tipo de texto que envolve inevitavelmente um compromisso com critérios claros de definição, juntamente com a crença nos aspectos verbais/linguísticos da narrativa como a chave para esses critérios. Este pressuposto principal leva quase por implicação a outros pontos de vista, por exemplo, uma visão da narrativa como uma estrutura. Essa abordagem da narrativa como tipo de texto está diretamente ligada à narratologia e tem pouco interesse no contexto. A narrativa ainda pode ser vista como um modo. "O modo narrativo está ligado a uma reflexão filosófica sobre o papel do tempo e da memória na vida humana"[2] (DE FINNA; GEORGAKOPOULOU, 2012, p. 17). Através da narração de histórias, os humanos mantêm a memória de suas experiências, a história de suas comunidades. Ao mesmo tempo, o modo narrativo impõe a ordem na heterogeneidade da experiência e, portanto, não apenas a reflete, mas a constrói.

---

2  The narrative mode is connected to a philosophical reflection on the role of time and memory in human life.

Ainda, segundo as autoras há a perspectiva da narrativa como método que se baseia em uma variedade de argumentos: uma é a ideia de que a narrativa é uma maneira essencialmente humana de apreender a realidade com base na emoção e na subjetividade. Outro argumento é que as histórias representam a concretude da experiência humana em oposição à abstração de experiências e verdades gerais.

De Fina e Georgakopoulou (2012) ainda complementam que essa ampla gama de campos e interesses é o poder da narrativa como uma ferramenta para induzir o conhecimento local das pessoas e a compreensão dos fenômenos sociais e da análise narrativa como instrumento para analisá-los.

Vistas as várias possibilidades metodológicas até aqui, precisamos explorar pontos de encontro em termos de nossas "experiências narrativas" e partimos do pressuposto de que esta obra analisa a narrativa em uma perspectiva centrada no discurso. Centramos na investigação da narrativa como constituída e organizada textual e discursivamente. Por outro lado, destacamos a análise da narrativa como uma prática social moldada por múltiplos contextos sociais que nos levam a questões de construção de identidades.

Algumas teorias sobre narrativas merecem destaque não apenas por seu pioneirismo, mas pela influência de seu alcance em vários campos de investigação. A seguir, serão apresentadas duas grandes perspectivas no estudo da narrativa: o modelo clássico laboviano e a abordagem interacional das narrativas.

## Estrutura narrativa laboviana

Os estudos precursores sobre análise de narrativas na área da Sociolinguística foram desenvolvidos por Labov e Waletzky (1967). Tais estudos foram essenciais para o entendimento acerca da estrutura desse tipo de atividade discursiva, interessando-se em analisar narrativas que não fossem complexas, tradicionais, lendárias, épicas. Labov e Waletzky (1967) acreditavam que somente conseguiriam avançar na análise e compreensão das narrativas a partir de estruturas mais simples. Somente ao examinar as narrativas reais de muitas pessoas comuns seria possível relacionar as propriedades formais da narrativa com suas funções.

Segundo Bastos (2005), para Labov e Waletzky o que faz a recapitulação de uma experiência ser uma narrativa é o fato de ela remeter a um acontecimento específico, ser estruturada em uma sequência temporal, ter um "ponto" e "ser contável". O "ponto" seria o motivo pelo qual é contada, a mensagem central relacionada com o tópico da conversa. Já para a narrativa "ser contável", ela precisa fazer referência a algo extraordinário, não previsível, para chamar a atenção para o fato contado.

O trabalho de Labov e Waletzky (1967) é uma referência imprescindível para a linha de pesquisa da linguística conhecida como Análise da Narrativa, pois privilegiaram os textos orais de experiências pessoais e chamaram a atenção para a linguagem cotidiana, vendo no vernáculo um material apropriado para realizar análises linguísticas.

Os estudos pioneiros de Labov e Waletzky (1967) analisaram dados extraídos a partir de cerca de 2600 entrevistas que reuniram narradores falantes de língua inglesa de diferentes comunidades, classes, etnias, áreas rurais e urbanas que variavam entre 10 e 72 anos, nenhum deles com o ensino médio completo. Partiram de uma pergunta aparentemente simples, mas suficiente para servir de estímulo para as respostas mais aproximadas de uma situação espontânea: "você já esteve em uma situação em que pensou que estava em grave perigo?". A partir da narração de um episódio de experiência pessoal significativo para o narrador, desenvolveriam de maneira espontânea os tópicos que contribuiriam para desencadeamento da história.

Para os pesquisadores, a narrativa era considerada como uma técnica verbal para a experiência rememorativa, em particular, uma técnica de construção de unidades narrativas que correspondiam à sequência temporal de experiências. Tais estudos proporcionaram um melhor entendimento acerca da estrutura desse tipo de atividade discursiva que concebia a narração como a recapitulação de uma experiência do passado.

Para Labov e Waletzky (1967), nas entrevistas face a face ocorre o paradoxo do observador. As narrativas de experiência pessoal envolvem o narrador que esquece a presença do pesquisador e dá total atenção ao relato, atenuando o cuidado com a produção em si para que haja a naturalidade da situação de comunicação. O paradoxo do observador surgiu a partir dos esforços para observar como os falantes se manifestavam quando eles não estavam sendo observados nas entrevistas e como as narrativas eram introduzidas nas conversas do dia a dia. Para os pesquisadores, o que se tornou mais eficaz, uma solução parcial para esse paradoxo, foi o estímulo à produção de narrativas de experiências pessoais.

As narrativas estudadas pelos autores foram produzidas em contextos de entrevistas sociolinguísticas, nas quais o pesquisador induz o entrevistado, com o tópico da entrevista, a contar histórias e neutraliza as possíveis interferências que a presença do pesquisador e os instrumentos como gravador ou filmadora possam ter na fala do entrevistado. Dessa forma, transforma-se o ato de contar histórias um método de geração de dados.

A maior contribuição dada pelo estudo de Labov (1997a, p. 3) foi a definição de que "[...] uma narrativa de experiência pessoal é o relato de uma sequência de eventos que teve lugar na biografia do falante por uma sequência de sentenças que corresponde à ordem dos eventos originais". Outro destaque é o desenvolvimento das análises e a identificação da estrutura e das características formais das narrativas.

A estrutura narrativa laboviana parte de um breve resumo da história que é denominado nesse modelo como "sumário" ou "resumo", apresentando tópicos ou resumos sobre o que vai ser narrado. Na sequência, a "orientação" apresenta informações importantes que contextualizam a narrativa, identifica os personagens, o tempo e lugar das atividades narradas. É na "ação complicadora" que se desenvolve a sequência de ações em que o narrador passa a contar o que realmente aconteceu. Para Labov (1997b), o elemento mais importante da narrativa é a "avaliação", o motivo que justifica sua reportabilidade, ou seja, o ponto, a relevância do surgimento de uma história. O autor encerra os componentes da narrativa com a "resolução", seção em que ocorre o clímax da narrativa, aonde se chega a uma conclusão e a "coda" que fornece uma breve síntese e faz observações gerais que sinalizam o término da narrativa.

Labov e Waletzky (1967) conseguiram aplicar de forma produtiva à narrativa oral uma tradição que apresentou critérios e princípios de organização estrutural, mas nem todos os componentes estruturais listados por eles precisam estar presentes para que um texto seja considerado uma narrativa. As narrativas hoje não são mais vistas apenas como representações de eventos passados, pois, à medida que são recontadas, são contextualizadas, transformadas conforme as lembranças do narrador e passam a ser interpretações e formulações discursivas de um mundo criado no tempo e no espaço por meio de um filtro crítico, afetivo e cultural, no qual criamos as histórias que contamos, em que estão vinculados nossos valores e crenças, a nossa cultura, a nossa história. É preciso compreender o relato da narrativa mais como uma construção social do que como uma representação do que aconteceu (BASTOS, 2007).

A sociolinguística moderna reconhece a importância do trabalho de Labov que consistiu em uma primeira tentativa de sistematizar os estudos da narrativa e sua contribuição para os avanços dos estudos na área, principalmente no que se refere a questões relativas aos diversos contextos da sociedade contemporânea. Mesmo com as críticas e limitações, por se tratar de um estudo que negligencia o contexto interacional, o modelo laboviano é uma forma de análise de narrativa estruturada na medida em que propõe uma ferramenta teórica para a análise de elementos recorrentes na estrutura narrativa.

**Narrativas, interação e contexto**

O modelo de Labov predominou nas análises de histórias orais desde a década de 1960, mas, no início do novo milênio, surgiu o interesse dos pesquisadores em torno de histórias centradas em discussões de caráter sociais mais abrangentes. A chamada "virada narrativa" foi responsável por um paradigma mais inovador na pesquisa científica, despojando-se dos modelos quantitativos das ciências exatas e partindo para uma pesquisa mais interpretativista, de natureza qualitativa que representa de modo mais incisivo os fenômenos sociais. Emergiu um sujeito narrador que fez a ciência repensar seus métodos e ressignificar seus achados (FLANNERY, 2015). Passou-se a compreender que o estudo de narrativas pode revelar muito sobre o narrador, sobre sua cultura, suas identidades sociais, bem como sobre a sociedade em que vive.

Dessa forma, o arcabouço para análises de narrativas começou a pautar-se na observação dos fatos do dia a dia, nas atividades cotidianas, distanciando-se um pouco do modelo laboviano e priorizando um novo modelo de investigação. Para De Fina e Tseng (2017), a definição clássica laboviana não se encaixa em todas as histórias; por exemplo, os narradores podem estar buscando respostas e conselhos em vez de apresentar uma situação definitiva. As narrativas poderiam ser hipotéticas, não recapitulando experiências passadas, mas descrevendo cenários que poderiam ter acontecido ou poderiam acontecer no futuro, tornando as narrativas mais habituais e genéricas.

Com o desenvolvimento e aprofundamento dessas análises, os pesquisadores passaram a estudar a narrativa "[...] como forma básica da experiência humana, a partir da qual se pode estudar a vida social em geral" (BASTOS, 2005, p. 12). A partir disso, a análise da narrativa passa a investigar o universo cotidiano em situações ditas espontâneas ou em situação de entrevista para pesquisa social. As narrativas analisadas em sua natureza discursiva emergem e são flagradas pelo pesquisador nos mais diversos contextos como histórias de vida, autobiografias, eventos ou relatos espontâneos, ou seja, narrativas como conversa em interação que estavam à margem e que, de repente, se tornaram um material pesquisável. Há uma variedade de contextos para contar e ouvir histórias que torna o estudo das narrativas mais complexo, considerando os diversos formatos que elas têm assumido como formas de comunicação e interação relativamente novas, proporcionando uma forma inovadora da linguagem, que exige pesquisas, com o fim de buscar ferramentas adequadas para a investigação de fenômenos linguísticos que emergem nessas formas de textos.

Partindo desses pressupostos, deslocamos nossa atenção, centramos esta pesquisa nas relações entre narrativa e contexto e sobre a incorporação da narrativa na vida social. Considerando que as práticas narrativas codificam, refletem e moldam a comunicação, formas de pensar e organizar a vida social em diferentes tradições culturais, De Fina e Georgakopoulou (2012, p. 34) estabelecem que:

> a história não é apenas uma fabricação do passado, mas uma fronteira entre presente e passado; é um trabalho de memória com restrições no presente interacional. Enquanto as narrativas (por mais breves) dependem das estruturas de memória que fazem parte das condições da capacidade de comunicação, há também a questão de como o momento de interação empurra a memória para ser ativada em uma determinada direção[3].

As narrativas estão ligadas a contextos socioculturais e cada fragmento narrativo é uma manifestação cultural contextualizada que estabelece relações entre o evento contado, o texto e a situação em que é contada a história. No âmbito desta pesquisa, definimos evento narrativo como uma produção discursiva que surge no contexto das entrevistas e que, dentro desse quadro maior, as narrativas variam de acordo com o tópico narrado, tendo diferentes configurações como narrativas de vida, de lugar, de fatos do local etc. O evento narrativo é um quadro de interpretação de um contexto, uma visão das partes do texto narrativo como domínios discursivos. Por exemplo as histórias, sempre têm um ponto ou uma razão de ser, mas como esse ponto é construído depende do contexto cultural, das condições situacionais dos participantes dentro de um sistema local de valores culturais da narração.

Nas palavras de De Fina (2003, p. 7), "narrativas são, em muitos casos, negociadas, logo, sua significância é estabelecida interativamente pelos participantes em um evento de fala". Já De Fina e Georgakopoulou (2012) estabelecem que as narrativas orais são vistas como atos comunicativos especiais, na medida em que se baseiam na interação de diferentes dimensões: o evento narrativo (mundo narrativo), ou seja, o mundo em que a história é contada e os eventos narrados (o mundo da história) que compõem o tecido da história em si.

Na progressão desse capítulo, destacamos o olhar para o cenário das histórias e processos de migração, que são explicitados nas falas dos entrevistados da pesquisa. Nos discursos de João, Luís e Vitória são elucidados os contextos de inserção das pessoas nos espaços, os quais são de grande relevância para a compreensão do processo de construção das identidades dos balsenses, ou seja, as narrativas ligam-se a contextos socioculturais e são concebidas na interação.

---

3   History is not just a fabrication of the past but on the border between present and past; it is a labor of memory as left-overs in the interactional present. While narrativizations (however brief) depend on memory structures which are part of conditions of tellability, there is also the question of how the interactional moment pushes the memory to be activated in a particular direction.

O excerto abaixo traz a narrativa de João, que ao contar sobre a sua vida apresenta situações que fazem parte de um conhecimento pessoal, fruto de episódios passados e presentes em um contexto específico. Ao narrar, ele evoca acontecimentos conhecidos que presenciou pessoalmente ou não e ilustra uma das configurações da narrativa dentro do evento narrativo.

**Excerto 9**

| 521 | João | bem... o povo recebeu como se diz de braços abertos os padres... |
| 522 | | porque aqui nós de um certo modo... SOMOS católicos... e:u...não é |
| 523 | | porque EU não seja católico... não vou poder olhar (SI)... nós SOMOS |
| 524 | | católicos aqui... aí foram recebidos de braços abertos... bem...e eles |
| 525 | | vieram(SI) como se diz de outras plagas... são mais inteligentes... |
| 526 | | nem chegaram aqui e abriram trabalho aqui e criaram sei lá tanta |
| 527 | | coisa que até... não sei né... não me recorda... tinha uma alvenaria... |
| 528 | | tinha olaria... tinha não sei o que... fundaram colégio não sei quanto... |
| 529 | | casas e mais casas... e (SI) hospitais e tudo mais... daí fica até difícil |
| 530 | | de eu explicar bem direitinho... porque isso ficou como um.. (SI) pra |
| 531 | | lá se a gente observar muito... mas mesmo assim eles chegaram... |
| 532 | | foi... bem... eles eram muito instruídos... trabalhadores também... |
| 533 | | eles vieram pra trabalhar de um certo modo... pregar o evangelho |
| 534 | | claro... bem mas não só pregar o evangelho... porque... justamente |
| 535 | | nem só de pão viverá o homem |

Nesse tipo de narração, os eventos relatados foram apresentados como parte de uma experiência coletiva, aderindo a um cenário típico do crescimento da cidade no processo de migração que desencadeia uma visão do contexto interacional. Os acontecimentos narrados da história tomam da totalidade os seus significados. Esse todo narrado vai sendo tecido a partir das partes selecionadas, eventos constituídos no ato de contar e de revelar o modo pelo qual os indivíduos concebem e vivenciam o mundo.

A forma narrativa e os modos de atuação refletem as muitas formas de conhecimento local que incluem certos tipos de conteúdo e formas de apreensão e organização da realidade. As formas locais de conhecimento são incorporadas no conteúdo das histórias: sobre quais são as histórias, a maneira como os personagens atuam, as configurações em que os eventos ocorrem, mas também a organização discursiva.

Essa definição pode ser enriquecida levando em consideração outra classificação introduzida por De Fina e Georgakopoulou (2012) que propõe uma distinção entre o contexto da situação e o contexto da cultura. Embora o contexto da situação inclua tudo o que é local (por exemplo, a configuração, a estrutura de participação e a organização sequencial da conversa), o contexto da cultura é um quadro muito mais amplo que inclui o conhecimento compartilhado de uma comunidade, convenções de conduta, sistemas de crença, interpretações históricas, princípios éticos e situações contextualizadas. Pode-se olhar para os estudos contextualizados da narrativa como tentativas de compreender a narrativa como uma atividade social refletindo e construindo significados sociais não só dentro de meios específicos, mas também através do recurso a esses diferentes aspectos de contextos locais e globais.

Conforme De Fina e Georgakopoulou (2012), as histórias não são textos isolados, não são apenas ditas: elas são introduzidas, desenvolvidas e fechadas, observando-se duas características muito importantes nas histórias em interação, ou seja, suas ocasiões locais e sua implicabilidade sequencial. As narrativas não saem do nada, mas, em vez disso, surgem em relação ao que está sendo falado em uma interação particular e, portanto, são relevantes para o contexto local.

Na tentativa de entender a produção de narrativas e sua relação com o contexto sociocultural, apresentamos abaixo a narrativa de Luís, que utiliza uma maneira de compartilhar e dar sentido às experiências recentes ou passadas e de relatar eventos importantes que desvendam minúcias da vida diária e refletem também o contexto cultural.

**Excerto 10**

| 758 | Luís | eu acho que poderia pra Balsas ser melhor... estar melhor... |
| 759 | | porque já houve muito conhecimento aqui sabe... tem muitos |
| 760 | | cursos... muitos jovens formados... muitos jovens estudando... |
| 761 | | e as pessoas porque eu estou te falando isso... porque lembrei |
| 762 | | de uma questão que nós não tocamos aqui... que é a questão |
| 763 | | do machismo dessa região sabe... a gente vem de uma região |
| 764 | | muito machista também... que: a mulher ficava na cozinha |
| 765 | | e da sala pra frente era o homem né... mulher não podia |
| 766 | | estudar... tudo isso né... então... um processo que vem sendo |
| 767 | | desenvolvido lentamente... mas a mulher do Sul do Maranhão |
| 768 | | que hoje já está... já é uma mulher moderna... participando |
| 769 | | das decisões políticas... participando do mundo da economia... |
| 770 | | da formação cultural da cidade... |

A história de Luís representa umas das formas de transmitir valores morais e normas sociais, fundamental para a construção de identidades individuais e coletivas e para indexar formas de ser e identificações sociais. A história de Luís apresenta a princípio uma narrativa hipotética como na linha 758 "poderia pra Balsas ser melhor...", mas já conduz a narrativa para o passado na linha 764 "a mulher ficava na cozinha e da sala pra frente era o homem né... mulher não podia estudar..." para fazer sentido ao presente e autorizar suas próprias versões de suas experiências na linha 767 "mas a mulher do Sul do Maranhão que hoje já está... já é uma mulher moderna... participando das decisões políticas... participando do mundo da economia... da formação cultural da cidade...". O conjunto de eventos hipotéticos e eventos do passado são elementos importantes que compõem o tempo presente. Narrar não é apenas uma forma de se obter informações sobre quem se é; narrar é um evento social construído na interação.

Segundo De Fina e Georgakopoulou (2012), a narrativa como tipo de texto é uma atividade com início, meio e fim, e com unidades claramente identificáveis que são passíveis de análise, tendo propriedades textuais que se aplicam a contextos específicos de determinadas culturas. A narrativa se afasta um pouco dos critérios textuais e passa a ser uma prática dentro da interação social. Nesse sentido, as narrativas estão sendo estudadas tanto pelas formas em que são moldadas como por processos socioculturais mais amplos, quanto como ela organiza as ocasiões interativas nas quais ocorre (DE FINNA; GEORGAKOPOULOU, 2008).

O sociólogo Goffman (1991) e o antropólogo Gumperz (1982) afirmam que a comunicação é uma atividade social que requer esforços coordenados de dois ou mais indivíduos. A simples produção de frases não constitui, por si só, comunicação. O episódio como um todo consiste em mais do que apenas uma coleção de enunciados compartilhados para uma mera compreensão; a interação vai além do conteúdo de superfície. As conversas dependem, portanto, de inferências indiretas que se baseiam em premissas de fundo sobre o contexto, objetivos interativos e relações interpessoais para derivar quadros em termos a partir dos quais os interactantes podem interpretar o que está acontecendo. Narrar não é apenas uma forma de se obter informações sobre quem se é; narrar é um evento social construído na interação.

As narrativas incorporam significados que são constituídos sócio-historicamente pelos indivíduos e, no nosso contexto de investigação, os movimentos migratórios são o cerne da narrativa, pois se constituem em um material privilegiado para a análise de relações e interações sociais e abrem a possibilidade, dentro da linguística, de investigar um tema recorrente na modernidade que se situa em um contexto mais amplo de mudanças sociais, demonstrando as diferentes representações identitárias dos cidadãos frente ao processo migratório. No campo de estudos da narrativa, Flannery (2011, p. 28) acrescenta que:

[...] para Gumperz, a sociedade em que vivemos, cada vez mais marcada por diferenças – resultado dos entrelaçamentos e intercâmbios proporcionados por movimentos migratórios, por vezes causados por relações econômicas, ou por conflitos – constitui cada vez mais um *locus* apropriado para a análise de relações que se verificam no âmbito das interações sociais.

A interação entre grupos sociais proporciona a verificação de como a comunicação é iniciada, mantida e como os mal-entendidos são explicados e negociados para tornarem-se significativos. Flannery (2011, p. 35) menciona que "o estudo de forma, conteúdo e performance de uma narrativa constitui um meio adequado para darem-se a conhecer características socioculturais dos envolvidos no evento linguístico no qual uma narrativa se origina". A autora expõe também que as narrativas não apenas contribuem para a apresentação e desenvolvimento da identidade dos narradores, como também pode situá-los em um espaço social e cultural.

A partir dos trabalhos de Goffman (1991), Gumperz (1982), Schiffrin (1994), Tannen (1982), os estudos da narrativa tornaram-se um *locus* apropriado para a análise dos fenômenos linguísticos no âmbito da interação. Essa importância para o estudo da narrativa deu-se pelo fato da frequência e regularidade em que é usada e pelas relações entre narrador, histórias e os recursos utilizados para interpretar as estratégias discursivas e os processos conversacionais. Segundo Gumperz (1982), as estratégias discursivas devem, portanto, começar por especificar o conhecimento linguístico e sociocultural que precisa ser compartilhado; considerar se o envolvimento conversacional deve ser mantido e depois lidar com as inferências conversacionais que se relacionam com as especificidades culturais, subculturais e situacionais da interpretação.

A narrativa de Vitória apresenta a interação entre entrevistador e entrevistado, um diálogo construído em que o entrevistado demonstra que pode aceitar ou recusar os papéis assumidos e como essas construções são negociadas em entrevistas nesse contexto.

## Excerto 11

| | | |
|---|---|---|
| 348<br>349<br>350<br>351<br>352 | Marta | uma coisa que eu gostaria de falar Vitória... é que (SI)a minha pesquisa é exatamente isso... é pesquisar o que ocorreu... do ponto de vista do maranhense... então se os aspectos negativos são muito maiores...eles precisam ser apresentados aqui entendeu? |
| 353<br>354<br>255<br>356<br>357<br>358<br>359<br>360<br>361<br>362<br>363<br>364<br>365<br>366<br>367<br>368<br>369<br>385<br>386<br>387<br>388<br>389<br>390<br>391<br>392<br>393<br>394<br>395<br>396<br>397<br>398<br>399 | Vitória | eu não acho que os aspectos negativos tenham sido maiores não... eu acho que nós devemos é pensar no meio ambiente físico... no meio ambiente social... tá eu vou: incluir nesse meio ambiente social a questão cultural... etc... e o meio ambiente mental que as próprias pessoas vão pensar de forma sistêmica... então para o meio ambiente físico houve um impacto muito grande no que diz respeito à vegetação... aos nossos solos... mas acho que tem havido uma certa preocupação dos agricultores com isso... entretanto por mais que eles se preocupem sempre vai haver esse impacto... porque não há como desmatar... plantar uma roça por mais que você cuide para que haja aquele plantio de preservação do solo após a colheita... mas não é o mesmo cerrado original... então fisicamente no que diz respeito ao meio ambiente físico (SI)como eu disse... muitos riachos como a gente vê agora o Jenipapo... o próprio rio Balsinha (SI)... Maravilha... todos eles com o leito bastante reduzido... isso é uma:: prova física também... no que diz respeito ao meio ambiente social.. (SI)houve benefício muito grande... muitas empresas aqui... universidades privadas... pessoas (SI) que aqui chegaram... então é um ponto bastante positivo... trazer esse desenvolvimento... vem junto com elas... eu não diria só com elas... mas também com elas... a questão da tecnologia principalmente para o campo... então há esse lado aí... no que diz respeito ao aspecto mental das pessoas eu acredito muito no sincretismo de culturas... de raças...como isso é salutar...essa convivência das diferenças... das diferentes origens... das diferenças de raças... então isso é muito saudável pra convivência dos sujeitos... eu acredito... agora nem sempre... é claro que a gente sabe que há divisões aos nichos... vamos dizer aqueles que chegam de uma determinada região... se situam em uma determinada localidade que às vezes ficam por ali e nem sempre esse intercâmbio acontece... |

O evento narrativo introduzido na pergunta ocasionado pela intervenção do pesquisador, guia de certa forma como as narrativas vão sendo estruturadas no curso do evento narrativo. Vitória inicia sua narrativa assumindo um papel agentivo de responsabilidades e conhecimento no evento comunicativo. A história contada é lançada no espaço interacional levando em conta os mecanismos motivadores relativos ao contexto da pergunta em uma sequencialidade da história, apresentada pela tomada de turnos, possibilitando surgir argumentos, emoções envolvidas, bem como ajustes gerados devido à sequência de falas na construção da narrativa.

Segundo De Fina e Georgakopoulou (2012), a investigação da narrativa é constituída e organizada textualmente e discursivamente como uma prática social moldada por múltiplos contextos sociais e pode nos levar a questões de poder, ideologia e identidade tanto nos ambientes institucionais e cotidianos como no contexto da pesquisa. Os formatos discursivos dentro de uma comunidade linguística refletem aspectos da nossa realidade social e cultural, seja pelas marcas linguísticas comuns a determinados grupos ou pelas relações entre identidades e processos narrativos.

# 4. AS IDENTIDADES CONSTRUÍDAS NOS DISCURSOS

A Ciência Social contemporânea tem estudado amplamente o conceito de identidade. Muitas proposições teóricas têm surgido para tentar explicar o fenômeno complexo que investiga as mudanças estruturais das sociedades modernas, principalmente em um mundo instável, em uma modernidade líquida de fluidez, de volatilidade, de incertezas e inseguranças (BAUMAN, 2005).

Lopes e Bastos (2002) explicam que as mudanças sociais, políticas, culturais e tecnológicas ocorridas nas últimas décadas têm trazido à tona problemáticas relacionadas a nacionalidades, etnias, territórios, subjetividades, sexualidades, dentre tantos outros fatores que levam a uma profunda reflexão e à ânsia de entender quem estamos nos tornando a cada momento na vida social. Os autores, sob o mesmo ponto de vista, enfatizam que a problemática da identidade vem atraindo, neste início de milênio, muitos pesquisadores, provavelmente como efeito das sociedades altamente reflexivas em que estamos situados, abrindo um leque de possibilidades identitárias, ocasionando incertezas, indagações e questionamentos cotidianos.

Para compreender o conceito de identidade, partimos de Hall (2006), um dos maiores sociólogos e teóricos culturais da pós-modernidade, que apresenta três concepções de identidade: o sujeito do iluminismo, o sujeito sociológico e o pós-moderno. O primeiro, o sujeito permanece essencialmente o mesmo, contínuo ou "idêntico" ao longo de sua existência, um sujeito centrado, unificado, dotado de razão, de consciência e de ação, cujo "centro" consiste num núcleo interior, que emerge pela primeira vez quando o sujeito nasce e com ele se desenvolve, ainda que permanecendo essencialmente o mesmo ao longo da sua existência; o segundo apresenta a visão de que a identidade é formada na "interação" entre o eu e a sociedade, o sujeito não é autônomo e autossuficiente, mas formado na relação com outras pessoas. Para Hall (2006, p. 02) "O fato de que projetamos a 'nós próprios' nessas identidades culturais, ao mesmo tempo em que internalizamos seus significados e valores, tornando-os parte de nós", contribuímos, assim, para alinharmos nossos sentimentos subjetivos com os lugares objetivos que ocupamos no mundo social e cultural. O sujeito sociológico, segundo o autor, demonstra "que ainda tem um núcleo ou essência interior que é o "eu real", mas este é formado e modificado num diálogo contínuo com os mundos culturais "exteriores" e as identidades que esses mundos oferecem" (HALL, 2006, p. 11). O terceiro é o sujeito atual, pós-moderno, aquele que não tem uma identidade fixa, ela é constantemente formada e transformada por meio das formas pelas quais somos representados ou interpelados nos sistemas culturais de que fazemos parte.

Hall (2006) afirma que há no que ele intitula de "modernidade tardia" uma chamada "crise de identidade" que faz parte de um processo gigantesco de mudanças, que desestruturam os processos centrais das sociedades modernas e abalam os estados de referência que proporcionavam aos indivíduos um sentimento de estabilidade no mundo social. Isso está fragmentando os cenários culturais e modificando os conceitos incrustados na sociedade sobre classe, gênero, sexualidade, etnia, raça e nacionalidade. A terceira concepção apresentada por Hall (2006) é mais profunda tanto em extensão como em intensidade em relação às mudanças ocorridas nos períodos anteriores, pois modifica de uma forma bastante forte os modos de conceber todos os tipos tradicionais de ordem social.

No campo de estudos de identidades, Gee (2001) também apresenta suas concepções, em sua obra intitulada *Identity as an Analytic Lens for Research in Education*, ao afirmar que, no mundo atual globalizado, repleto de mudanças rápidas e interconectadas, pesquisadores de diversas áreas passaram a ver a identidade como uma importante ferramenta analítica para a compreensão da sociedade. O termo "identidade" assumiu uma abordagem mais dinâmica do que apenas "raça, classe e gênero". Para Gee (2001), o ser humano, quando age e interage em determinados contextos, depara-se com diferentes "tipos de pessoas" reconhecidas como "seres" que agem em um determinado momento e lugar, e, também, podem mudar no momento da interação, de contexto para contexto e podem, também, ser ambíguas ou instáveis.

Ser reconhecido como um certo "tipo de pessoa", em um determinado contexto, é o que Gee (2001) chama de "identidade". Nesse sentido do termo, todas as pessoas têm múltiplas identidades ligadas não aos seus "estados internos", mas às suas performances na sociedade.

As identidades estão ligadas ao funcionamento de forças históricas, institucionais e socioculturais, e diferentes sociedades em diferentes períodos históricos priorizam quatro perspectivas ou maneiras de identificar a identidade, ou o que significa ser "um certo tipo de pessoa". Gee (2001) apresenta estas quatro perspectivas para compreender a identidade: a) a Identidade Natural, um estado desenvolvido a partir de forças da natureza; b) identidade Institucional, considerada uma posição autorizada por autoridades dentro das instituições; c) identidade discursiva, um traço individual reconhecido no diálogo discursivo de/com os indivíduos; d) identidade por afinidade que são experiências compartilhadas pela prática de "grupos de afinidade".

A primeira perspectiva de Gee (2001) nos mostra que somos o que somos principalmente por causa de nossas "naturezas"; a segunda, somos o que somos principalmente por causa dos cargos que ocupamos na sociedade; a terceira, principalmente por causa de nossas realizações individuais, já que são reconhecidas pelos outros; e a quarta perspectiva, somos o que somos por causa das experiências que tivemos em certos tipos de "grupos de afinidade". As quatro perspectivas não se separam, e elas se inter-relacionam, assim, os tipos de pessoas ganham a sua força como identidades através das forças da natureza, do trabalho das instituições, do discurso e do diálogo, ou por meio de grupos de afinidade, isto é, as mesmas forças que constituem nossas outras perspectivas de identidade.

Na compreensão de Gee (2001), não se pode ter uma identidade de qualquer tipo sem algum sistema interpretativo que subscreva o reconhecimento dessa identidade. O sistema interpretativo pode ser a visão histórica e culturalmente diferente das pessoas sobre a natureza; podem ser as normas, tradições e regras das instituições; pode ser o discurso e o diálogo dos outros; ou pode ser o funcionamento de grupos de afinidade. O que é importante sobre a identidade é que quase qualquer característica pode ser entendida em termos de um desses sistemas interpretativos diferentes. As pessoas podem ativamente interpretar o mesmo traço de identidade de maneiras diferentes, e podem negociar e contestar como seus traços devem ser vistos (por si mesmos e outros) em termos das diferentes perspectivas de identidade. Na verdade, é um aspecto particularmente importante das políticas multiculturais contemporâneas que as pessoas exigem que outros reconheçam, aceitem e honrem na conversa e na interação, as identidades que conquistaram.

A partir das concepções apresentadas por Hall (2006) e Gee (2001), o processo de construção de identidades associa-se diretamente com a globalização, um processo dinâmico, que acontece numa escala global, atravessando fronteiras nacionais, integrando e conectando comunidades e organizações em novas combinações de espaço-tempo, tornando o mundo, em realidade e em experiência, mais interconectado. Segundo Hall (2006, p. 7), a partir dessa visão, as identidades tornaram-se híbridas em um processo de construção incessante: "as velhas identidades, que por tanto tempo estabilizaram o mundo social, estão em declínio, fazendo surgir novas identidades e fragmentando o indivíduo moderno, até aqui visto como sujeito unificado". O autor acrescenta que somos sujeitos humanos e são tantas as transformações pelas quais passamos que nossas identidades pessoais se modificam sem percebermos, abalando a ideia que temos de nós próprios como sujeitos integrados.

De acordo com Hall (2006), no mundo moderno, as culturas nacionais em que nascemos se constituem em uma das principais fontes de identidade cultural. O autor afirma que ao dizermos que temos uma nacionalidade brasileira, ou balsense, por exemplo, estamos nos posicionando de forma metafórica, pois essas identidades não estão literalmente impressas em nossos genes, entretanto, nós pensamos nelas como se fossem parte de nossa natureza essencial.

Nós precisamos dessa identificação nacional, caso contrário experimentaríamos um profundo sentimento de perda subjetiva. As identidades culturais modernas não nascem com os indivíduos, mas são formadas e representadas como um conjunto de significados em um sistema de representação cultural. As pessoas participam da ideia de nação tal como representada em sua cultura nacional, ou seja, um sistema de representação e isso se disseminou como um dispositivo da modernidade.

As culturas nacionais são compostas não apenas de instituições culturais, mas também de símbolos e representações. Uma cultura nacional é um discurso, um modo de construir sentidos que influencia e organiza tanto nossas ações quanto a concepção que temos de nós mesmos. As culturas nacionais, ao produzir sentidos sobre a nação, sentidos com os quais podemos nos identificar, constroem identidades. Esses sentidos estão contidos nas estórias que são contadas sobre a nação, memórias que conectam seu presente com seu passado e imagens que dela são construídas (HALL, 2006).

Além dos postulados expostos, o autor acrescenta que as diferenças nacionais, ou até mesmo regionais, são imaginadas e representadas por estratégias acionadas para construir nosso senso comum sobre o pertencimento ou sobre a identidade nacional. Esse sentimento pode ser identificado nas narrativas sobre a nação, a forma como as histórias são contadas ou recontadas, nas "imagens, panoramas, cenários, eventos históricos, símbolos e rituais nacionais que simbolizam ou representam as experiências partilhadas, as perdas, os triunfos e os desastres que dão sentido à nação" (HALL, 2006, p. 52). Somos membros dessa comunidade imaginada, ela conecta a nossa vida e dá significados à nossa existência.

Hall (2006) ressalta, ainda, que os membros de uma comunidade são muito diferentes em termos de classe, gênero ou raça, sendo improvável unificá-los numa identidade cultural, como todos pertencentes a mesma e grande família nacional. Se a identidade nacional fosse unificadora, então ela anularia e subordinaria a diferença cultural. A maioria das sociedades ou nações consistem em culturas separadas que só foram unificadas por longos processos de conquista, às vezes, violentos outras não, mas por uma supressão forçada ou não de diferenças culturais, desencadeando, às vezes, uma estrutura de poder cultural.

A partir das concepções de Hall (2006), a sociedade, então, deixa de ser um sistema bem delimitado e é substituída por uma perspectiva que se concentra na forma como a vida social está ordenada ao longo do tempo e do espaço. Em decorrência dessas forças inevitáveis advindas da globalização e do capitalismo, de tendências enraizadas na modernidade, as identidades nacionais e/ou locais começaram a se desintegrar e novas identidades híbridas começaram a emergir. A compreensão de espaço e tempo também se modificou e houve "a aceleração dos processos globais, de forma que se sente que o mundo é menor e as distâncias mais curtas, que os eventos em um determinado lugar têm um impacto imediato sobre pessoas e lugares situados a uma grande distância" (HALL, 2006, p. 69).

Houve, assim, um grande impacto da globalização sobre as identidades e novas relações espaço-tempo foram definidas. À medida em que as culturas nacionais, regionais ou locais tornaram-se mais expostas a influências externas, ficou difícil conservar as identidades culturais intactas ou impedir que elas se tornassem enfraquecidas através do bombardeamento e da infiltração cultural. Surgiu então a chamada "aldeia global" criando possibilidades de "identidades partilhadas". Quanto mais a vida social se torna mediada pelo mercado global de estilos, lugares e imagens, pelas viagens internacionais, pelas imagens da mídia e pelos sistemas de comunicação globalmente interligados, mais as identidades se tornam desvinculadas, desalojadas de tempos, lugares, histórias e tradições específicos e parecem "flutuar livremente" (HALL, 2006, p. 78).

Essa homogeneização cultural, em certa medida, gerou uma tensão entre o "global" e o "local" na transformação das identidades, principalmente quando elas representam um vínculo de pertencimento a lugares, eventos, símbolos, histórias particulares. Mas para Hall (2006), considerando uma visão mais otimista sobre o futuro das identidades num mundo pós-moderno, há, juntamente com o impacto "global", um novo interesse pelo "local", o global não substituiria o local, mas haveria uma articulação entre os dois.

A globalização também afeta o fenômeno da migração, disseminando as identidades culturais que estão, em toda parte, sendo relativizadas pelo impacto da compressão espaço-tempo. Há um enorme movimento de pessoas impulsionadas, por diversos fatores, pela pobreza, seca, fome, pelo subdesenvolvimento econômico e/ou por colheitas fracassadas, pela guerra civil e por distúrbios políticos, pelo conflito regional e pelas mudanças arbitrárias de regimes políticos, que se mudam para os locais de onde vêm os "bens" e onde as chances de sobrevivência são maiores. "Na era das comunicações globais, o Ocidente está situado apenas à distância de uma passagem aérea" (HALL, 2006, p. 81). Por conseguinte, tem ocorrido migrações contínuas nas últimas décadas provocando uma mistura étnica e uma "pluralização" de culturas e identidades nacionais.

Em um mundo de fronteiras dissolvidas e de continuidades rompidas, as velhas certezas e hierarquias da identidade têm sido postas em questão. Os efeitos desse processo podem estar na proliferação de novas posições de identidade como na produção de novas identidades, um caráter posicional e conjuntural do modo como a identidade e a diferença estão inextrincavelmente articuladas ou entrelaçadas em identidades diferentes, uma nunca anulando completamente a outra. Assim estão emergindo identidades culturais que não são fixas, mas que estão em transição, entre diferentes posições; "que retiram seus recursos, ao mesmo tempo, de diferentes tradições culturais; e que são o produto desses complicados cruzamentos e misturas culturais que são cada vez mais comuns num mundo globalizado" (HALL, 2006, p. 88).

## A construção de identidades: diferença e descentralização

As sociedades da modernidade são caracterizadas pela "diferença", pelas mudanças constantes que alcançam o mundo todo neste intercâmbio da globalização porque modificam algumas características mais íntimas e pessoais da existência cotidiana (GIDENNS, 2002). As sociedades na modernidade são atravessadas por diferentes divisões e antagonismos sociais que produzem uma variedade de diferentes "posições de sujeito", isto é, identidades, para os indivíduos. Assim, a identidade é realmente formada ao longo do tempo, através de processos inconscientes, e não é algo inato, existente na consciência no momento do nascimento. Existe sempre algo "imaginário" ou fantasiado sobre sua unidade, ela permanece sempre incompleta, está sempre "em processo", sempre "sendo formada".

Em geral, os autores mencionados têm em comum a posição de que a identidade emerge na interação com outros sujeitos, não são representações de aspectos que definem indivíduos ou grupos étnicos / nacionais específicos, mas são exibidas e negociadas através do trabalho discursivo. Isso quer dizer que as identidades não são vistas como algo que as pessoas têm, mas em vez disso, as pessoas constroem em um processo de autoapresentação e parte de sua construção faz referência a diferentes vozes, incluindo as vozes dos outros.

As tendências mais recentes no estudo da identidade reúnem teorias sobre os processos discursivos e o papel da interação na criação de mundos pessoais e sociais, além de destacar a contribuição da linguagem para representar os processos socioculturais. No campo de estudos de narrativas e identidades, De Fina e Georgakopoulou (2012) destacam que, ao tentar estudar as relações entre a narrativa e identidade, os pesquisadores depararam-se com uma variedade de disciplinas das Ciências Sociais que conceituam a identidade, em que, em geral, ela é vista e definida como uma propriedade do indivíduo ou como algo que emerge através da interação social.

Segundo as autoras, todas as categorias sociais são criadas e negociadas por meio de processos de comunicação entre os seres humanos, o individual e o social não estão em oposição um ao outro e não podem ser concebidos separados. Mishler (2002) afirma que antropólogos, linguistas, e sociolinguistas descobriram uma forte base teórica entre narrativas e identidades e que os processos de construção de identidade estão intimamente ligados à linguística e aos processos de comunicação. De fato, se as identidades emergem em contextos sociais, então a linguagem tem um papel extremamente importante nesta constituição, uma vez que está no centro da maioria das práticas sociais nas quais os seres humanos estão envolvidos. Identidade é, portanto, um processo, não uma categoria, algo que não pertence aos indivíduos, mas sim emerge na interação e dentro de práticas sociais e é conseguido por meio do discurso. A linguagem e o discurso são fundamentais para a construção e negociação de identidades.

Para De Fina e Georgakopoulou (2012), a identidade é tradicionalmente associada com o "auto", não em uma perspectiva unitária e individual, mas em um paradigma interacionista, em que os indivíduos passam a gerir e negociar seus "autos" em circunstâncias sociais. A partir desta perspectiva podemos observar que a moderna concepção do indivíduo como um ser racional e moral, em que o "auto" é visto como uma propriedade do indivíduo firmemente localizado dentro da mente e abstraída a partir da experiência e interação com os outros é, de fato, relativamente recente, e típica do mundo ocidental.

As mudanças ocorridas na sociedade moderna e o avanço dos estudos da psicologia mostram que a vida pós-moderna se caracteriza por incertezas, rupturas, deslocamentos sociais e pela experiência de fluir. De Finna e Georgakopoulou (2012, p. 157, tradução nossa)[4] postulam que:

> Homens e mulheres modernos perderam suas certezas e sua fidelidade a sistemas de crenças e estruturas tradicionais de organização social e tornaram-se muito mais conscientes da falta de continuidade e permanência, tanto em sua vida pessoal como no seu ambiente. A ideia básica é que a realidade social, mesmo que pareça ser uma entidade objetiva, é de fato construída pela ação e interação humanas e não é independente delas. Os indivíduos constituem continuamente a realidade social e são constituídos por ela em um processo dialético.

Essa citação nos leva a entender que, na modernidade, almejamos alcançar nossa própria identidade, mas não podemos fazer isso isoladamente, em vez disso, devemos negociá-la através do diálogo com os outros. Nossa identidade depende fundamentalmente das nossas relações dialógicas com os outros.

Segundo Silva (2014a, p. 75), as identidades são o resultado de atos de criação linguística, "não são coisas que estejam simplesmente aí, à espera de

---

[4] "Modern men and women have lost their certainties and their allegiance to systems of beliefs and traditional structures of social organization and have become much more aware of the lack of continuity and permanence both in their personal life and in the environment. The basic idea is that social reality does not exist as an independent entity. the social world, even if it appears to stand as an objective entity, is in fact built by human action and interaction and is not independent of it. Individuals continuously constitute social reality and are constituted by it in a dialectical process" (DE FINNA; GEORGAKOPOULOU, 2012, p. 157).

serem reveladas ou descobertas, respeitadas ou toleradas", elas não são do mundo natural, elas precisam ser construídas no contexto de relações culturais e sociais. Hall (2006, p. 08) reforça a importância das práticas discursivas em torno do conceito de identidade:

> [...] é preciso uma reconceptualização do sujeito, é preciso pensá-lo em sua nova posição – deslocada ou descentrada – no interior do paradigma. Parece que é na tentate rearticular a relação entre sujeitos e práticas discursivas que a questão da identidade pode aparecer de forma enfática.

O conceito de identidade apresentado por Hall (2012) não é um conceito essencialista, mas estratégico e posicional que busca compreensão no repertório discursivo. Essa concepção apresentada pelo autor aceita que as identidades não são nunca unificadas, que elas são, na modernidade, cada vez mais fragmentadas e que não são nunca singulares, mas multiplamente construídas no discurso. Conforme Hall (2012, p. 108), "as identidades estão sujeitas a uma historicização radical, estando em constante processo de mudança e transformação". A identidade hoje precisa ser vista em um processo de globalização que coincide com a modernidade. Podemos exemplificar com os processos migratórios, as identidades parecem invocar uma origem que residiria em um passado histórico com o qual elas continuariam a manter uma certa correspondência. Continua Hall (2012, p. 109): "elas têm a ver, entretanto, com a questão da utilização dos recursos da história, da linguagem e da cultura para a produção não daquilo que somos, mas daquilo no qual nos tornamos".

O autor ainda acrescenta que as identidades são construídas dentro e não fora dos discursos e têm a ver de onde nós viemos, mas muito mais sobre com a questão quem nós podemos nos tornar, como nós temos sido representados e como essa representação afeta a forma como nós podemos representar a nós próprios. As identidades seriam produzidas numa espécie de encontro, na articulação entre práticas discursivas que buscam nos constituir como sujeitos sociais. Tal movimento estaria associado a um esforço narrativo, que, apropriado de recursos históricos, culturais e linguísticos, mantêm-nos em curso na elaboração significativa de um itinerário e de um conjunto de características na construção de identidades.

Em outra visão acerca de identidades, Homi Bhabha (2013) focaliza a questão da cultura na pós-modernidade e explica que estamos em um momento de trânsito em que espaço e tempo se cruzam para produzir figuras complexas de diferença e identidade, passado e presente, interior e exterior, inclusão e exclusão. O que o autor chama de "entre lugares" é o local para a elaboração de estratégias de subjetivação – singular ou coletiva – que dão início a novas signos de identidade que irão definir a ideia de sociedade.

> O afastamento das singularidades de 'classe' ou 'gênero' como categorias conceituais e organizacionais básicas resultou em uma consciência das posições do sujeito – de raça, gênero, geração, local institucional, localidade geopolítica, orientação sexual – que habitam qualquer pretensão à identidade no mundo moderno. O que é teoricamente inovador e politicamente crucial é a necessidade de passar além das narrativas de subjetividades originárias e iniciais e de focalizar aqueles momentos ou processos que são produzidos na articulação de diferenças culturais (BHABHA, 2013, p. 15).

O autor afirma que é na necessidade de mostrar as diferenças que as experiências intersubjetivas, coletivas, os interesses comunitários e os valores culturais são negociados. A articulação social da diferença é uma negociação complexa, em andamento, que procura conferir autoridade aos hibridismos culturais que emergem em momentos de transformação histórica. A tradição é uma forma parcial de identificação, pois introduz outras temporalidades culturais, fazendo dos embates de fronteira o limiar entre a tradição e a modernidade (BHABHA, 2013).

Esse momento que chamamos de pós-moderno reside na consciência das fronteiras enunciativas, em um conjunto de vozes históricas dissonantes que podem ser denominadas de narrativas da diáspora cultural e política decorrentes dos grandes deslocamentos sociais. Nesse sentido, a fronteira se torna o lugar contraditório onde homens apressados andam de lá para cá, como em uma ponte, de modo que eles possam alcançar outras margens (BHABHA, 2013). A identidade moderna seria a recriação do "eu" na nossa caminhada que emerge a partir dos interstícios culturais. Ela estaria presente no desejo de reconhecimento da presença cultural como ruptura da barreira do tempo de um "presente" culturalmente cúmplice. Para Bhabha (2013, p. 23):

> O trabalho fronteiriço da cultura exige um encontro com 'o novo' que não seja parte do continuum de passado e presente. Ele cria uma ideia do novo como ato insurgente de tradução cultural. Essa arte não apenas retoma o passado como causa social ou precedente estético ela renova o passado, refigurando-o como um 'entre-lugar' contingente, que inova e interrompe a atuação do presente. O 'passado-presente' torna-se parte da necessidade, e não da nostalgia, de viver.

A delimitação de fronteira está implícita na vida social na esfera de categorias de grupo ou de identidade. De fato, se a identidade tem a ver com sujeitos pertencentes às categorias sociais, o estudo de como elas são usadas e negociadas no discurso torna-se uma tarefa importante, uma vez que visibiliza os pressupostos básicos e visões estereotipadas que membros de um grupo apresentam com relação a si e aos outros.

Woodward (2014), assim como Hall (2012) utiliza os termos "globalização" e "crise de identidades", afirmando que são características das sociedades contemporâneas ou da modernidade tardia. Afirma ainda que a globalização está estreitamente associada à aceleração das migrações, quase sempre motivadas pela necessidade econômica. Espalhando-se pelo globo, as migrações estão remodelando as sociedades e tem impactos tanto sobre o local de origem quanto sobre o local de destino, despertando identidades plurais que são moldadas e localizadas em diferentes lugares e por diferentes lugares.

Podemos considerar, a partir das concepções apresentadas, que as identidades são fabricadas por meio da marcação da diferença. Essa marcação da diferença ocorre tanto por meio de sistemas simbólicos de representação quanto por meio de formas de exclusão social. Nas relações sociais, a identidade não é o oposto da diferença, a identidade depende da diferença e essas formas de diferença – a simbólica e a social – são estabelecidas, ao menos em parte, por meio de sistemas classificatórios. Por exemplo, a classificação simbólica está diretamente relacionada à ordem social, o criminoso é um "forasteiro" cuja transgressão o exclui da sociedade convencional, produzindo uma identidade que, por estar associada com a transgressão da lei, é vinculada ao perigo, sendo separada e marginalizada. A produção da identidade do "forasteiro" tem como referência a identidade do "habitante do local", ou seja, uma identidade é sempre produzida em relação a uma outra (WOODWARD, 2012). A diferença é um elemento central dos sistemas classificatórios por meio dos quais os significados são produzidos.

A posição de Silva (2014a) acerca de identidade e diferença é que elas partilham uma importante característica: são o resultado de atos de criação linguística. Isso quer dizer que elas são ativamente produzidas no mundo cultural e social e são criadas e nomeadas por meio de atos de linguagem. "A identidade e a diferença não podem ser compreendidas, pois, fora dos sistemas de significação nos quais adquirem sentido. Não são seres da natureza, mas da cultura e dos sistemas simbólicos que as compõem" (SILVA, 2014a, p. 77). A identidade e a diferença são o resultado de um processo de produção simbólica e discursiva, mas não são estáveis, simétricas, pois a identidade, assim como a diferença, são relações sociais sujeitas a relações de poder e onde há diferenciação, há poder. Nas palavras de Silva (2014a, p. 81):

> [...] as marcas da presença do poder podem estar no incluir/excluir ('estes pertencem, aqueles não'); demarcar fronteiras ('nós' e 'eles'); classificar ('bons e maus'; 'puros e impuros'; 'desenvolvidos e primitivos'; 'racionais e irracionais'); normalizar ('nós somos normais; eles são anormais').

A identidade e a diferença são sempre um paralelo entre declarações sobre quem pertence e quem não pertence, sobre quem está incluído e quem está excluído em que há uma forte separação entre "nós" e "eles".

As práticas diárias de narrativa afetam diretamente o estudo da identidade, que pode ser demonstrado (constatado) por meio da observação e análise de como os narradores e personagens narrados são discursivamente construídos.

Nesse capítulo contemplamos as identidades construídas discursivamente. Em primeiro lugar, discorremos sobre algumas noções de identidade, tendo por base Hall (2006), segundo o qual projetamos em nós nossas identidades e internalizamos seus significados e valores. Utilizamos também as contribuições de Gee (2001), no sentido de que as pessoas interagem em determinados contextos e se deparam com vários tipos de pessoas, o que pode proporcionar mudanças na construção das identidades. Assim sendo, as identidades dependem de sistemas interpretativos, podendo ser a visão histórica e culturalmente diferente. Na última seção desse capítulo, a discussão é direcionada a uma questão fundamental no trabalho, a saber, a construção de identidades a partir da diferença e descentralização. Nesse aspecto são explicitadas as identidades que emergem na interação, negociadas no trabalho discursivo, nas práticas sociais, confirmando que, no mundo moderno, as identidades são fragmentadas, fruto de experiências coletivas.

Assim sendo, esta pesquisa assume uma perspectiva interpretativista baseada no domínio dos processos de construção identitária a partir de narrativas orais, em que os narradores se assumem como sujeitos e cabe a eles a definição de suas histórias em que suas identidades vão sendo construídas e transformadas. Nesse aspecto, a construção discursiva das identidades assume o papel de compreensão e compartilhamento de experiências individuais ou coletivas, essenciais para transmitir valores morais e normas sociais como é o caso das sociedades construídas a partir dos processos migratórios.

# 5. METODOLOGIA

A metodologia adotada nesta pesquisa foi de natureza qualitativa/ interpretativista e o método de geração de dados foi a entrevista narrativa, que permitiu a compreensão minuciosa de acontecimentos sociais a partir da perspectiva dos informantes. A pesquisa qualitativa trabalha com dados subjetivos e responde a questões muito particulares. Preocupa-se, nas Ciências Sociais, com um nível de realidade que não pode ser quantificado, ou seja, ela trabalha com um universo de significados, motivos, aspirações, crenças, valores e atitudes, o que corresponde a um espaço mais profundo das relações e dos fenômenos que não podem ser reduzidos à operacionalização de variáveis (MINAYO, 2002).

O modelo interpretativista considera a importância desempenhada pela busca da construção da intersubjetividade na construção do conhecimento, em que o significado não é o resultado da intenção individual, mas é construído socialmente. Nesse sentido, a presente pesquisa é de natureza qualitativa, assumindo uma perspectiva em que as identidades vão sendo construídas e produzidas localmente e passam a ser entendidas em uma situação social em que o *corpus* é gerado a partir de entrevistas narrativas consideradas como instrumento dinâmico, flexível e significativo. Assim, o entrevistado não é visto como fonte de informações a serem objetivamente coletadas e analisadas, mas como alguém que coconstrói com o entrevistador o discurso produzido na situação de entrevista; situação essa que se faz cada vez mais presente na vida social contemporânea (BASTOS; SANTOS, 2013). Entende-se como coconstrução um processo conjunto construído na interação no momento das entrevistas, que se constituem em um poderoso instrumento de análise, pois a partir de como as histórias são construídas, será examinado como se deu a interação entre entrevistador e entrevistado, bem como se estabeleceu a construção e negociação de significados e interpretações naquele encontro face a face.

Segundo Gaskell (2003), a entrevista qualitativa é uma técnica ou método para estabelecer ou descobrir que existem perspectivas, ou pontos de vista sobre os fatos, além daqueles da pessoa que inicia a entrevista. O primeiro ponto de partida é o pressuposto de que o mundo social não é um dado natural, sem problemas: ele é ativamente construído por pessoas em suas vidas cotidianas, mas não sob condições que elas mesmas estabeleceram. "Assume-se que essas construções constituem a realidade essencial das pessoas, seu mundo vivencial" (GASKEL, 2003, p. 65). O emprego da entrevista qualitativa para compreender o mundo da vida dos participantes é o ponto de entrada para introduzir esquemas interpretativos e para compreender as narrativas dos atores em termos mais conceptuais e abstratos (JOVCHELOVITCH; BAUER, 2002).

O emprego de narrativas na investigação social tem sido uma técnica específica de geração de dados, principalmente quando se trata de uma pesquisa social que exige uma análise sistemática apoiada em dados sobre o mundo social em que os resultados são construídos nos processos de comunicação (JOVCHELOVITCH; BAUER, 2002). A entrevista narrativa segue o modelo de Bamberg (2004) e Jovchelovitch e Bauer (2002) em que as análises se centram na compreensão daquilo que é narrado, em particular do texto e do contexto, apontando para tendências a se observar aspectos relativos à construção de identidades em um evento comunicativo (FLANNERY, 2011).

As entrevistas narrativas são conduzidas pelo entrevistador de forma a levar o entrevistado a elaborar uma resposta que venha ao encontro de uma suposição teórica prévia (BASTOS; SANTOS, 2013). Ao assumir esse posicionamento, a pergunta feita pelo pesquisador e a resposta dada pelo entrevistado devem ser compreendidas (pelo pesquisador/analista) como construções discursivas coparticipativas. Dessa forma, o pesquisador interage na construção narrativa do entrevistado para analisar e compreender melhor a experiência como é contada. Esse método, também chamado de entrevista aberta, é utilizado quando o pesquisador deseja obter o maior número possível de informações sobre determinado tema, segundo a visão do entrevistado, e para obter um maior detalhamento do assunto em questão. Ele é utilizado geralmente na descrição de casos individuais, na compreensão de especificidades culturais para determinados grupos e para comparabilidade de diversos casos (MINAYO, 2002). A entrevista não teria, portanto, o objetivo de fornecer respostas a perguntas específicas, nem mesmo o de testar hipóteses ou avaliar algo específico, mas buscar tentativas de compreender a experiência das pessoas e os significados que elas atribuem para essas experiências. Mondada (1997, p. 59) explica que a entrevista deve ser entendida como "um acontecimento comunicativo no qual os interlocutores, incluído o pesquisador, constroem coletivamente uma versão do mundo".

As características essenciais das entrevistas, como eventos de fala, entrevistas abertas, ou como discurso construído em conjunto, não partiram de um roteiro predeterminado, mas de uma troca de conversas significativas entre falantes que partiu da seguinte pergunta: "como foi sua história de vida?". Essa questão estimulou a narrativa e, segundo Mishler (2002), contar histórias é uma das maneiras mais significativas que os indivíduos constroem e expressam significados. Gee (2001) afirma que um dos principais caminhos, provavelmente o caminho principal que os seres humanos fazem sentido de sua experiência, é aquele lançado em forma de narrativa.

## O processo de geração de dados

A geração de dados ocorreu no primeiro e segundo semestre de 2017, sendo entrevistados sete participantes, constituindo o *corpus* de cinco pessoas residentes na zona urbana e duas na zona rural, em distritos situados em um raio de 90 Km de Balsas. As entrevistas individuais transcorreram em torno de uma hora, em média, totalizando sete horas de gravações. O número de entrevistados não foi previamente estabelecido, encerrou-se no momento em que os novos entrevistados passaram a fornecer informações muito semelhantes às dadas pelos outros participantes, ou seja, o momento em que as entrevistas pararam de fornecer novos dados.

As entrevistas foram realizadas com moradores nascidos em Balsas (MA), que narraram suas histórias de vida, desde seu nascimento, a vinda de suas famílias de diferentes lugares, as transformações da cidade, em virtude do movimento migratório, até chegar à atualidade. A escolha dos participantes de pesquisa surgiu a partir do critério de escolher pessoas que conheciam a história da cidade. Escolhemos participantes de diferentes classes sociais e níveis de escolaridade, do campo e da cidade para contar suas histórias. As entrevistas aconteceram nas residências ou locais de trabalho, e os participantes da zona rural foram entrevistados durante um encontro religioso que reuniu várias pessoas do local e algumas se dispuseram a narrar suas histórias de forma voluntária.

Antes de iniciar a geração de dados, o projeto de pesquisa foi submetido à apreciação do Comitê de Ética em Pesquisa Humana da Universidade do Vale do Rio dos Sinos (UNISINOS), aprovado em 05/05/2017 com o parecer número 2.047.641 e, a partir do aceite pelas instâncias competentes, procedeu-se à entrada em campo, que foi cercada por cuidados éticos, a fim de preservar todos os participantes. O Termo de Compromisso Livre e Esclarecido (TCLE – Anexo B) foi apresentado a todos os participantes, que poderiam desistir de participar da pesquisa, mesmo depois dos dados terem sido gravados. Do mesmo modo, a todos os participantes foi informado que eles poderiam requerer o apagamento parcial ou total da gravação. Após a geração dos dados, todos os nomes próprios e elementos passíveis de serem usados para a identificação (endereços, nomes de instituições, apelidos etc.) dos participantes foram substituídos por nomes fictícios.

É importante mencionar que o entrevistado foi informado inicialmente sobre o contexto da investigação e sobre os procedimentos da entrevista.

Para todos os entrevistados foi exposto o tópico central que tinha a função de ser um disparador da narração e iniciada a entrevista sempre com a expressão: conte a sua história. Portanto, a conduta do entrevistador foi fundamental para o resultado da pesquisa e para garantir uma narração rica em detalhes, já que o método leva em consideração a interação entre entrevistador e informante.

No que tange à investigação, visando a melhorar a compreensão dos fenômenos expressos nas realidades narradas, fundamentamo-nos na perspectiva qualitativa em busca de compreender os significados atribuídos pelos participantes às suas ações. A partir dessa visão, o viés que orientou a abordagem dessa pesquisa procurou compreender a realidade tal como ela se configura e é experienciada pelas pessoas, considerando o que pensam e como agem.

**Critérios de seleção dos participantes da pesquisa**

Tendo em vista o contexto empírico da pesquisa, os participantes foram escolhidos pelos seguintes critérios: a) pessoas nascidas em Balsas no Maranhão; b) residentes na zona urbana e na zona rural; c) conhecedores da história de Balsas e a trajetória de suas famílias; d) níveis diferentes de escolaridades; e) diferentes profissões; f) que tivessem uma gradualidade etária, ou seja, diferentes perfis etários com possibilidade de cruzamento de variáveis nas análises.

A escolha da gradualidade etária justifica-se pela possibilidade de geração de dados em visões diferentes: os indivíduos que vivenciaram o movimento migratório na sua totalidade, que presenciaram o impacto acontecido na sua intensidade; e os que viveram as consequências desse processo. A finalidade é contrastar diferentes perspectivas sobre o entendimento das narrativas e contrastar posições diversas que possam ocorrer. Essa escolha deve-se à necessidade de imersão em aspectos complexos da temática, possibilitando compreender elementos subjacentes aos discursos dos participantes no momento em que constroem e partilham suas narrativas. É importante salientar que a acessibilidade a participantes que conheciam a história de Balsas, de diferentes níveis de escolaridade e profissão e que tivessem uma gradualidade etária, foi fundamental para o desenvolvimento da pesquisa. A partir da definição dos critérios, foi possível construir um quadro de seleção dos participantes da pesquisa.

## Quadro 1 – Quadro de identificação dos participantes da pesquisa

| Nome | Naturalidade/ residência | Escolaridade | Nascimento | Profissão |
|---|---|---|---|---|
| João | Balsense urbana | Ensino Fundamental 4º ano | 1929 | Aposentado |
| Nora | Balsense urbana | Ensino Fundamental | 1935 | Professora aposentada |
| José | Balsense urbana | Analfabeto | 1948 | Agricultor |
| Vitória | Balsense urbana | Doutora | 1960 | Professora universitária |
| Luís | Balsense urbana | Ensino Superior Especialização | 1965 | Artista compositor |
| Maria | Balsense urbana | Mestre | 1986 | Gestora administrativa |
| Gabriel | Balsense urbana | Cursando Ensino Superior | 1992 | Estudante |

Fonte: Elaborado pela autora.

O quadro de identificação nos permite verificar a gradualidade etária dos participantes, bem como a diversidade quanto à formação e profissão. Esse perfil que se desenhou durante a construção da pesquisa foi fundamental para as análises, permitindo o esclarecimento de diferentes posições, extraindo sua significação, fazendo inferências válidas e reaplicáveis no contexto em diversas perspectivas.

Apresentaremos a seguir as características dos participantes com o objetivo de fornecer mais informações sobre o perfil de quem participou da pesquisa.

João: um senhor de 90 anos, conhecedor da história da cidade. Seus pais migraram do Ceará e do Piauí para a região de Balsas fugidos da seca de 1877 que assolava o Nordeste. Quando a família chegou a Balsas, estabeleceram-se na zona rural e mais tarde mudaram-se para a cidade. Apesar da pouca escolaridade, João tem o hábito de ler todos os dias sobre política e acontecimentos do país e da região. João retrata em sua narrativa todas as modificações ocorridas na região e relata minúcias históricas de quem presenciou os fatos ocorridos.

Nora: moradora da zona rural, seus bisavôs vieram da Bahia e do Ceará atraídos pelas terras férteis e clima chuvoso. Professora aposentada, catequista, animadora das missas, sempre teve um papel atuante na comunidade. Presenciou a venda de terras da região com a vinda dos migrantes que iniciaram a agricultura extensiva. Defensora dos direitos do homem do sertão, trabalhou muitos anos na roça e alfabetizando as crianças do povoado e das redondezas.

José: morador da zona rural, aproximadamente a uns 90 km da cidade, sua família veio do Gerais do Balsas. Analfabeto, sempre trabalhou na roça, com a agricultura de subsistência, assim como várias famílias do local. Sempre cultivou as roças de toco, uma técnica de manejo que utiliza a área de um a três anos e é muito utilizada por pequenos agricultores da região.

Vitória: nascida em Balsas, seus pais vieram de outros munícipios próximos e se fixaram no sertão, mais tarde se instalaram na cidade para que os filhos pudessem frequentar a escola. Desde cedo vivenciou os costumes e aspectos culturais da cidade. Professora universitária, doutora, pesquisadora e conhecedora da história da região e das transformações ocorridas decorrentes da migração.

Luís: é balsense, nascido no sertão, veio para a cidade com oito anos. Seus avós vieram do Piauí e seus pais de cidades vizinhas e se estabeleceram na região. Possui Ensino Superior e Especialização e é conhecedor da história, da cultura de Balsas e defensor das causas ambientais. Nascido em um tempo mais recente, possui uma postura crítica em relação à história, à educação e às modificações da cidade.

Maria: balsense, professora, possui mestrado. Nasceu em Balsas, da segunda geração de entrevistados. Suas narrativas, de um tempo mais recente, retratam o convívio com os migrantes e sua visão acerca do desenvolvimento da cidade a partir da expansão do agronegócio.

Gabriel: nasceu em Balsas, seus avós vieram do Piauí fugidos de uma seca por volta de 1950. Viveu primeiramente no sertão, depois veio para a cidade e hoje é universitário. Conhecedor de aspectos geográficos e pesquisas relacionadas à população e a fatores sociais.

Marta: nasceu em Nova Palma no Rio Grande do Sul, migrante, mora em Balsas – MA há 25 anos. Desde que chegou à região trabalhou na educação dando aulas no Ensino Fundamental e Médio e no Ensino Superior. Totalmente integrada à cultura local, possui o título de cidadã balsense. Pesquisadora dos aspectos da região, presenciou as modificações ocorridas a partir da década de 1990.

Como esta pesquisa está inserida em um paradigma interpretativista e pretende explorar questões a serem discutidas no contexto social em que os participantes estão inseridos, a pesquisadora é parte integrante da realidade estudada, sendo a sua visão, acrescida a dos participantes do contexto, essencial para a compreensão dos fenômenos sociais.

## Critérios de organização e escolha dos dados

No conjunto de narrativas analisadas que compõem o *corpus* desta pesquisa, os narradores constroem suas histórias recorrendo a determinados recursos temáticos, enunciativos e textuais inseridos em determinados domínios do discurso. É nesse domínio empírico que procuramos mostrar as estratégias referenciais implicadas na construção de objetos de discurso e no desenvolvimento do tópico caracterizado como um entrosamento entre os interlocutores, que procuram articular suas falas, mantendo-as, de forma coesa e coerente, em torno de um conjunto referencial que se projeta como foco da interação em dado momento do evento comunicativo (JUBRAN, 2006b).

Ademais, recorre-se à organização tópica, visto que o tópico discursivo implica o estabelecimento de traços que vão além do nível sentencial para uma sequência convergente na medida em que as contribuições conversacionais determinam um assunto moldando-se em uma relevância tópica. Segundo Jubran (2015), uma abordagem textual-interativa requer a definição de categorias nem sempre previstas nas descrições gramaticais que recortam a frase como unidade de análise. Dada a complexidade de fatores envolvidos na comunicação humana, desenvolvida com base em troca de turnos entre pelo menos duas pessoas, a conversação implica uma construção colaborativa na projeção de turnos. Segundo a autora, o recorte frasal dificilmente dá conta de dados pragmático-textuais, de interesse fundamental para a perspectiva teórica assumida, que elege o texto como objeto de estudos e se baseia no princípio de que os fatores interacionais se inscrevem na superfície textual. Sendo assim, "o tópico reunirá uma sequência de ações inter-relacionadas que formam um todo coerente em um processo conjunto de construção de sentidos" (MIRA, 2016, p. 133).

É importante frisar que as escolhas dos dados a serem analisados decorreu da recorrência tópica, uma manifestação própria do discurso oral que se deu em torno das histórias da cidade. A recorrência tópica foi utilizada como uma estratégia textual-discursiva para se chegar às escolhas mais significativas de construção dos sentidos dos dados, sendo identificados eventos tópicos (núcleos de significação) que possibilitaram observar dados importantes para a compreensão do objeto investigado.

Os dados foram organizados em eventos tópicos que correspondem a núcleos de significação que estruturam os eixos de entendimentos e sustentação da pesquisa. Isso possibilitou recortes nos excertos para evidenciar achados relevantes para a compreensão da investigação. Centramo-nos nesses núcleos tópicos para projetar olhares interpretativos que evocassem os significados emergentes e intrínsecos evidenciados nas narrativas. O gráfico abaixo ilustra a recorrência tópica nas narrativas dos participantes.

**Gráfico 1 – Evento narrativo**

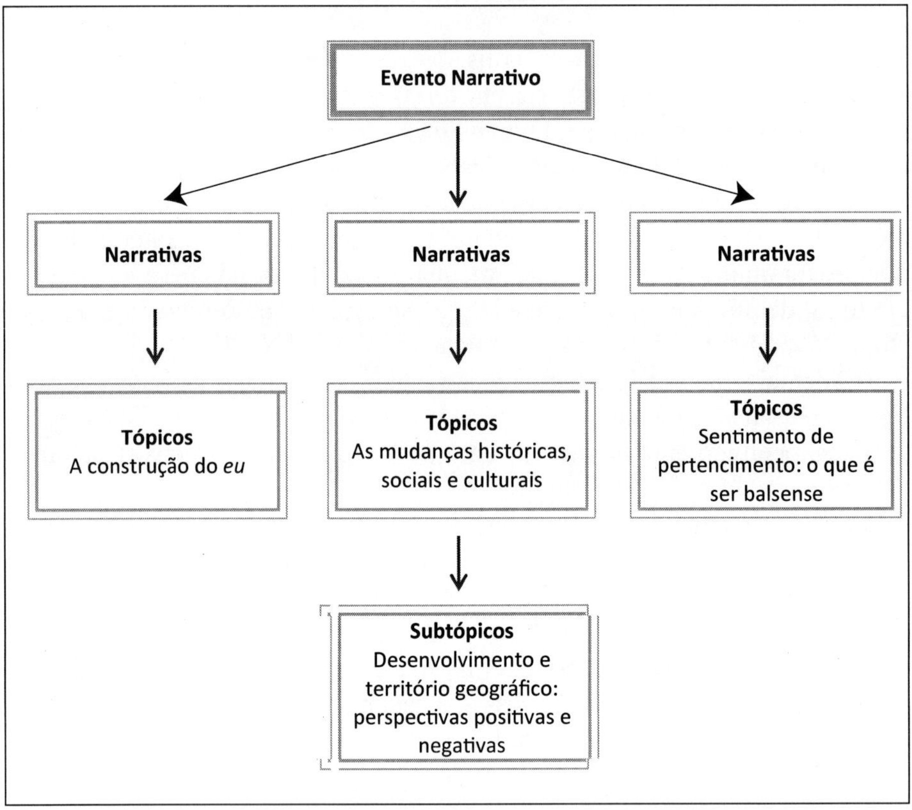

```
                        ┌─────────────────┐
                        │ Evento Narrativo │
                        └─────────────────┘
              ┌────────────────┼────────────────┐
              ▼                ▼                ▼
        ┌───────────┐    ┌───────────┐    ┌───────────┐
        │ Narrativas│    │ Narrativas│    │ Narrativas│
        └───────────┘    └───────────┘    └───────────┘
              │                │                │
              ▼                ▼                ▼
        ┌───────────┐    ┌──────────────┐   ┌──────────────────┐
        │  Tópicos  │    │   Tópicos    │   │     Tópicos      │
        │A construção│   │As mudanças   │   │Sentimento de     │
        │  do eu    │    │históricas,   │   │pertencimento:    │
        │           │    │sociais e     │   │o que é ser       │
        │           │    │culturais     │   │balsense          │
        └───────────┘    └──────────────┘   └──────────────────┘
                                │
                                ▼
                         ┌──────────────────┐
                         │    Subtópicos    │
                         │ Desenvolvimento e│
                         │território geográ-│
                         │fico: perspectivas│
                         │positivas e       │
                         │negativas         │
                         └──────────────────┘
```

Fonte: Elaborado pela autora.

O evento narrativo, ou seja, o mundo em que a história é contada e os eventos narrados (o mundo da história) compõem o tecido da história em si que ao ser narrada exterioriza acontecimentos que foram presenciados pessoalmente ou não e ilustra as configurações da narrativa dentro do evento narrativo. Assim, as análises foram feitas a partir de excertos narrativos que contemplam três formas de organização ou recorrência tópica geradas nas narrativas. O primeiro aspecto a ser abordado nas análises é "os posicionamentos discursivos na construção do *eu*" seguido de "as mudanças históricas, sociais e culturais, a partir do qual surge um subtópico fazendo uma abordagem também sobre o "desenvolvimento e território geográfico: perspectivas positivas e negativas" e encerrando com o "sentimento de pertencimento: o que é ser balsense".

## Unidades de análise

Os procedimentos metodológicos e instrumentais teóricos se devem, essencialmente, ao fato do discurso se constituir por meio do uso social da linguagem. Nesse contexto, mobilizamos a referenciação e o posicionamento para analisar a materialidade textual-discursiva das identidades que são construídas nas narrativas.

Os estudos aqui empreendidos serão delimitados e irão se concentrar nos tipos de representações que os narradores constroem sobre suas identidades, experiências, valores e relações sociais. As categorias analíticas serão mobilizadas para compreender: i) como os narradores se apresentam como indivíduos e comunidades; ii) como definem as categorias sociais utilizadas para negociar inclusão e exclusão de grupos; iii) como os narradores percebem e discutem vários aspectos do processo de migração e de diversidade cultural; iv) que tipo de limites estabelecem em termos de pertença de quem chegou e quem estava na região de Balsas. Para dar conta de responder a esses itens, utilizaremos duas categorias analíticas a referenciação e o posicionamento discursivo.

### *Referenciação discursiva*

Ao articularmos a noção de referenciação à questão da identidade, mostraremos que essa relação é possível numa perspectiva de análise linguística e discursiva. Para tanto, faremos uma breve abordagem sobre a referenciação como um processo fundamental de construção do texto falado.

Mondada e Dubois (2014) chamam a atenção para a existência de uma dimensão problemática no mapeamento da relação entre as palavras e as coisas para analisar as performances discursivas a partir do seu grau de correspondência com o mundo exterior, o que se conhece no campo dos estudos da linguagem pela noção clássica de referência. Em oposição a uma ideia de correspondência unívoca entre palavras e objetos do mundo, as autoras propõem o termo referenciação como uma categoria que não diz respeito apenas "a uma relação de representação das coisas, mas a uma relação entre o texto e a parte não linguística da prática em que ele é produzido" (MONDADA; DUBOIS, 2014, p. 20).

Com efeito, a referenciação é compreendida como uma atividade prática, e não apenas como um sistema linguístico, teórico em que a identificação e interpretação do referente acontece em uma atividade essencialmente cooperativa. Conforme afirma Marcuschi (2001), a referência poderia ser tida como aquilo que, na atividade discursiva e no enquadre das relações interpessoais, é construído num comum acordo entre os atores sociais envolvidos numa dada tarefa comunicativa. Para Marcuschi (2001, p. 37) "A referenciação na relação face a face é fruto de uma atividade colaborativa e não uma simples convenção linguística". O argumento do autor encontra ressonância em Koch (2008) na medida em que, para a autora, a referenciação está diretamente ligada ao sentido do texto, é construída dentro de uma unidade discursiva e tem um importante papel na construção dos objetos de discurso que compõem a realidade social.

> A língua não existe, portanto, fora dos sujeitos sociais que a falam e fora dos eventos discursivos nos quais eles intervêm e nos quais mobilizam suas percepções, seus saberes quer de ordem linguística, quer de ordem sociocognitiva, ou seja, seus modelos de mundo. Estes, todavia, não são estáticos, (re)constroem-se tanto sincrônica como diacronicamente, dentro das diversas cenas enunciativas, de modo que, no momento em que se passa da língua ao discurso, torna-se necessário mobilizar conhecimentos — socialmente compartilhados e discursivamente (re)construídos —, bem como situar-se dentro das contingências históricas, para que se possa proceder aos encadeamentos discursivos (KOCH, 2008, p. 101).

Na área da Linguística Textual, com base nessa concepção de lingua(gem), o ato de referir é um processo dinâmico de construção de sentido do texto, ou seja, é uma atividade discursiva construída colaborativamente entre os parceiros do processo textual. Segundo Marcuschi e Koch (2006, p. 382) "A referência diz respeito, sobretudo, às operações efetuadas pelos sujeitos à medida que o discurso se desenvolve".

Apothéloz e Reichler-Béguelin (1995), alinhados com a perspectiva de referenciação, são os primeiros teóricos a tratar o fenômeno referencial de recategorização lexical, definindo-o como uma estratégia de designação pela qual os interlocutores podem reapresentar os objetos do discurso remodulados de acordo com as diferentes condições enunciativas. Estudos como de Cavalcante *et al.* (2011) já admitem que a recategorização é um processo que perpassa todas as funções referenciais como introduções, anáforas e dêixis. Sobre o fenômeno referencial de recategorização lexical, Mondada e Dubois (2014, p. 22-23) afirmam que:

> As categorias utilizadas para descrever o mundo mudam, por sua vez, sincrônica e diacronicamente: quer seja em discursos comuns ou em discursos científicos, elas são múltiplas e inconstantes; são controversas antes de serem fixadas normativa e historicamente. [...] A variabilidade das categorizações sociais mostra que há sempre, por exemplo, muitas categorias possíveis para identificar uma pessoa: ela pode ser igualmente tratada de 'antieuropeia' ou de 'nacionalista' segundo o ponto de vista ideológico adotado; diacronicamente, um 'traidor' pode tornar-se um 'herói'.

Nesse sentido, as categorias podem variar em diferentes formas, podendo-se admitir que elas podem ser flexíveis, localmente produzidas, contextualmente dependentes e linguisticamente organizadas. Dessa forma, a atividade categorial não "se reduz à atribuição de etiquetas prototípicas aos indivíduos e aos objetos, mas se ocupa dos métodos utilizados pelos sujeitos para caracterizar, descrever, justificar, compreender os fenômenos da vida cotidiana" (RODRIGUES-LEITE, 2004, p. 69).

Segundo Bentes e Rios (2005, p. 265), "as práticas orais de linguagem constituem-se em um *locus* privilegiado para a observação do fenômeno da construção conjunta da referência por parte dos falantes", o texto oral emerge no próprio momento da interação: "ele é o seu próprio rascunho". As autoras corroboram Marcuschi (2001, p. 37), uma vez que para este "a referenciação na relação face a face é fruto de uma atividade colaborativa e não uma simples convenção linguística". O linguista ainda sustenta que a interação é a base para os processos referenciais, pois nestes contextos situacionais são partilhados conhecimentos, crenças, história, cultura e muito mais.

É nesse sentido que as estratégias de referenciação por meio das quais os narradores procedem à categorização ou recategorização discursiva dos referentes são particularizadas nas narrativas, pois estão diretamente ligadas ao discurso do sujeito sócio-histórico construído. É, também, no grupo social que a produção da representação do indivíduo acontece, representação essa que passará a incidir numa ou outra posição que assume em processos de interlocução. As marcas linguísticas configuram e constroem identidade, fazendo refletir sobre as experiências e reforçando a compreensão do eu-sujeito.

Nessa acepção, Bentes e Rios (2005) afirmam que há uma variedade grande de estratégias que articulam recursos linguísticos e discursivos na construção da referência e que a mobilização dessas experiências comprova que tanto a referência como o contexto não se encontram previamente estabilizados, mas podem encontrar alguma forma de estabilização pela/na interação social. A reflexão apresentada pelas autoras vai ao encontro do argumento de Marcuschi (2001, p. 47) quando ele considera que "[...] não são os conhecimentos comuns que resolvem a situação, mas condições comuns e partilhadas de construção de conhecimentos que permitem a referenciação".

Considerando o princípio de partilhamento apresentado por Marcuschi (2001) em contextos sociais e culturais como é o caso da construção de narrativas aqui empreendidas, nas histórias orais que servem de objeto de pesquisa para este estudo, trataremos de verificar: (a) como as práticas referenciais dos sujeitos em um contexto de entrevistas não estruturadas encontram-se relacionadas ao contexto; (b) a maneira como os elementos discursivos são utilizados; (c) qual o significado que está sendo construído na narração das histórias. Em outros termos, esta pesquisa pretende abordar como as pessoas constroem os objetos discursivos ao narrarem suas próprias histórias, ou seja, quais são os mecanismos textuais que são mobilizados para isso.

Chamamos atenção para o papel da referenciação nessa pesquisa, a saber, compreendida na atividade prática de construção de objetos de discurso, como as anáforas, os dêiticos, os encapsulamentos, dentre outros. Nesse sentido, a referenciação possibilita que as pessoas discursivamente, em suas práticas cotidianas, caracterizem, descrevam, justifiquem e compreendam os fenômenos da vida.

## *O posicionamento ao narrar*

Os estudos de Bamberg (2004), Harré e Van Langenhove (1999) mostram que a narração pode favorecer a atuação ou representação de imagens da própria identidade ou de papéis narrativos. Essa perspectiva de que representamos diferentes papéis no âmbito interacional-discursivo reforça a importância dos elementos contextuais. A ação de narrar gera um posicionamento interacional na relação entre narrador e audiência, e a forma como se apresenta no universo narrativo possibilita que o narrador se posicione projetando sua identidade.

Para os autores, há uma distinção entre posição e posicionamento. A posição configura-se como um lugar social, psicológico e discursivo, a partir do qual as pessoas constroem imagens particulares, narrativas, metáforas e conceitos relevantes dentro de práticas discursivas entre um eu-si mesmo e o outro. Já o "posicionamento" consiste na estratégia discursiva que permite às pessoas assumirem, negociarem e rejeitarem posições, ou seja, posicionamento é uma "[...] construção discursiva de histórias pessoais que fazem as ações de uma pessoa inteligíveis e relativamente determinadas como atos sociais e dentro dos quais os membros de uma conversa têm locações específicas" (HARRÉ; VAN LANGENHOVE, 1999, p. 14).

Os autores concebem o posicionamento como um construto fundamental na análise das narrativas, uma vez que permite observar como narradores e ouvintes se posicionam e como os personagens são localizados nas histórias. Esses posicionamentos nos permitem interpretar as identidades sociais que estão sendo construídas discursivamente naquele evento discursivo. Em uma interação, os participantes podem assumir diversas posições, gerando novos significados aos seus relatos, ou seja, as posições que as pessoas assumem não são fixas, ao contrário, elas são permanentemente negociadas entre os falantes e ouvintes. Às vezes, as pessoas assumem posições pessoais (eu); outras, falam em nome de alguém, assumem um compromisso com o grupo que representam ou julgam representar, posicionando-se discursivamente como indivíduos que constroem suas identidades sociais a partir do lugar no qual foram posicionados. Segundo Bastos e Biar (2015), os sujeitos se posicionam a si mesmos e aos outros em relação àquilo que dizem e de como dizem.

Para enfatizar o conceito de posicionamento nas narrativas, Bamberg (2004) explica que quando se fala sobre algo com alguém, utilizam-se os meios discursivos, mas quando histórias são contadas, faz-se um pouco mais do que utilizar o discurso, criam-se enredos, personagens, assunto, espaço e tempo. As histórias são criações ou construções, assim como o eu (no seu papel de contador de histórias), bem como o público (em seu papel de participante e ouvinte) vão ganhando existência durante a performance da narrativa.

Segundo o autor, o conceito de "posicionamento" está diretamente ligado ao conceito de identidade, sendo definido como forças opostas, uma, com a direção pessoa-para-mundo, a outra com uma direção de ajuste de mundo para pessoa. A primeira, baseando-se em uma noção do sujeito unitário como fundamento; a segunda, em um sujeito determinado por forças externas (principalmente sociais e biológicas).

Os sujeitos posicionam-se na medida em que os discursos são interpretados e agem "agentivamente" conforme a posição escolhida entre as disponíveis, e as identidades vêm à existência e são exibidas interativamente. Em outras palavras, as posições operam simultaneamente e quando os sujeitos se envolvem em conversas exibidas interativamente, "[...] fazem sentido de si mesmos e de outros em suas histórias e vão construindo suas identidades" (BAMBERG, 2004, p. 136). Dessa forma, a narrativa é um lugar privilegiado para a análise de problemas ligados à construção identitária e para a compreensão de fatos ocorridos na interação social.

Dentre alguns estudiosos que investigam as construções identitárias amparadas pela teoria do posicionamento, Bamberg (2004) afirma que a análise de posicionamento parte do pressuposto de que as narrativas são ações situadas, isto é, elas são coconstruídas em configurações interativas e sua função principal é revelar como o que é dito – e por trás disso o "eu" e o executor da história – deve ser entendido. Consequentemente, as narrativas têm de ser analisadas como ações situadas que são realizadas e que dizem respeito à ação conjunta discursiva de narrar. O posicionamento é concebido, então, como uma análise empiricamente fundamentada de como os participantes se constituem, analisando as posições que são ativas e agentivamente tomadas em suas narrativas em relação aos discursos normativos.

Na tentativa de sistematizar um conceito como ferramenta de análise de narrativas, Bamberg (1997) propõe um modelo que observa três níveis de ocorrência dos posicionamentos:

**Gráfico 2 – Níveis de posicionamento**

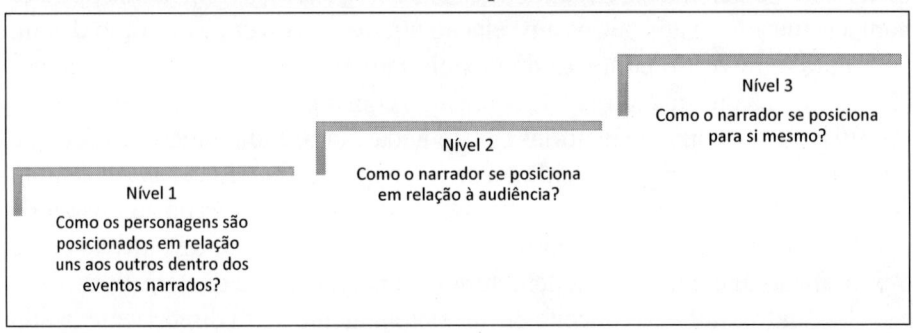

```
Nível 1
Como os personagens são
posicionados em relação
uns aos outros dentro dos
eventos narrados?

Nível 2
Como o narrador se posiciona
em relação à audiência?

Nível 3
Como o narrador se posiciona
para si mesmo?
```

Fonte: Elaborado pela autora.

Segundo Bamberg (2004) um nível de posicionamento na narrativa envolve a representação de personagens, suas descrições e avaliações, as sequências dos eventos e a maneira como tudo se relaciona com as categorias sociais. O autor explica que as pessoas se posicionam ativa e agentivamente na conversa e parte da suposição de que a ordem da narração de histórias é realizada de forma situacional e interativa. Em outras palavras, embora as histórias ganhem sua estrutura e conteúdo a partir de sua situação interacional, é preciso analisar os meios que contribuem para sua ordem como unidades de discurso.

Bamberg (2004) lança mão do que intitula como níveis de análise de posicionamentos:

- Nível 1 – Neste nível os indivíduos são projetados no tempo e espaço dentro do mundo das histórias. Trata-se, em linhas gerais, de se compreender o assunto de uma história (BAMBERG, 2002); para Cruz e Bastos (2015), nesse ponto, o analista deverá observar as escolhas linguísticas do narrador, a fim de perceber a localização dos personagens no mundo da história e como são posicionados em relação uns aos outros dentro dos eventos reportados.
- Nível 2 – Esse nível leva em conta os meios interacionais empregados para a realização da história, ou seja, como o falante se posiciona em relação à audiência. Aqui o interesse da análise se volta para o momento da interação, pois é quando nos "perguntamos por que uma história é contada em um dado ponto da interação" e que efeito o narrador "está tentando alcançar com a história" (BAMBERG, 2002, p. 157). Ou seja, a audiência em uma narrativa adquire o status de participante no evento discursivo e é extrema-

mente relevante para o que a história particular realmente significa para o narrador e seu público.
- Nível 3 – Nesse nível, finalmente, estaremos mais bem situados para observar como os oradores e audiências estabelecem e exibem noções particulares de si mesmos. Trata-se do momento em que o analista deve deslocar seu foco de observação para os discursos socialmente disponíveis aos quais os falantes se reportam ao contar uma história. Ou seja, esse nível de análise busca articular o assunto da história (nível 1) e a ordem interacional (nível 2) em que os falantes se apoiam para elaborar uma resposta, ainda que provisória, para a pergunta "quem sou eu?". "Trata-se de uma tentativa por parte do narrador de definir o seu self para si e para os outros" (CRUZ; BASTOS, 2015, p. 372).

A análise dos dois primeiros níveis de posicionamento pretende levar progressivamente a uma diferenciação de como os narradores trabalham, muitas vezes em conjunto, na construção dos discursos. Para Bamberg (2002) e De Fina (2013), os posicionamentos de níveis 1 e 2 são complementares e sobrepostos, pois uma mesma escolha linguística pode servir simultaneamente a um propósito mais referencial (nível 1) ou interacional (nível 2). Ainda para Bamberg (2002), o nível 3 de posicionamento não deve ser compreendido como um aspecto individual que resiste a mudanças sócio-históricas, mas como uma construção discursiva produzida "na relação de coautoria entre os participantes de uma interação" (BAMBERG, 2002, p. 159). Ainda para os autores há também uma sobreposição dos níveis 2 e 3, pois a noção de self também será definida pelo momento interacional. Para Cruz e Bastos (2015), os conceitos de Bamberg claramente apontam para a importância da articulação entre o nível micro da interação e um macrocontexto, ou seja, a sócio-história do evento narrado.

Narrativas são sobre pessoas (personagens), que agem (eventos) no espaço e no tempo; tipicamente em uma sequência de eventos (temporalidade). A forma narrativa (estrutura) mantém o conteúdo em conjunto (sobre o que é a história) e arranja sequencialmente as unidades da história em um todo mais ou menos coerente, apresentados a partir de uma perspectiva de terceira ou primeira pessoa. Desse ponto de vista, simplesmente não basta analisar as narrativas como unidades de análise por sua estrutura e conteúdo, embora seja um bom ponto de partida. Para Bamberg (2004), as narrativas são coconstruídas em configurações interativas; e sua função principal é revelar como o que é dito – e por trás disso o "eu" e o executor da história – deve ser entendido.

# 6. ANÁLISE DOS DADOS

Neste capítulo apresentaremos os achados da pesquisa que foram constituídos a partir de excertos narrativos que contemplam três formas de organização ou recorrência tópica geradas nas entrevistas. As entrevistas foram organizadas para análise de acordo com os seguintes tópicos: a) a construção do *eu*; b) as mudanças históricas, sociais e culturais e c) sentimento de pertencimento: o que é ser balsense.

As narrativas combinam histórias de vida a contextos sócio–históricos, ao mesmo tempo que revelam experiências individuais e podem lançar luz sobre as identidades dos indivíduos e as imagens que eles têm de si mesmos. As narrações são mais propensas a reproduzir estruturas que orientam as ações dos indivíduos que outros métodos que utilizam entrevistas. Dessa maneira, o objetivo das entrevistas narrativas não é apenas reconstruir a história de vida do informante, mas compreender os contextos em que essas biografias foram construídas e os fatores que produzem mudanças e motivam as ações dos informantes. A interpretação de narrativas ainda representa um desafio aos pesquisadores que podem seguir diferentes técnicas ou métodos. Ao mesmo tempo em que o domínio de técnicas específicas é exigido, não há intenção de esgotar as possibilidades de análise, mas sim de realizar uma análise no sentido de abrir os sentidos (MUYLAERT *et al.*, 2014).

Ao iniciar esse capítulo de análise dos dados projetamos um infográfico para apresentar as informações de forma sumarizada e facilitar a compreensão de como as identidades são construídas nos discursos.

Partindo de eventos narrativos e unidades de análise e norteados pela teorização da referenciação e dos posicionamentos, desenvolvemos uma investigação qualitativa no intuito de investigar o modo como se constrói socialmente as identidades nas histórias que emergem na interação. Ademais, tentamos também observar como essa construção se reorganiza na interação em questão, como as categorias manifestam-se nos discursos e como as identidades emergem espontaneamente. Ou seja, investigamos aqui de que forma as interações discursivas podem funcionar como arenas para a contestação de sentidos cristalizados sobre os sujeitos sociais.

**Figura 3 – Infográfico: Eventos Narrativos e Unidades de Análise**

## Eventos Narrativos

### Unidades de Análise

**Referenciação** | **Posicionamento**

**Construção do eu**
- Histórias de vida
- Localização do tempo e espaço
- Níveis de posicionamento

**Mudanças históricas, sociais e culturais**
- Histórias da cidade / migrações
- Forças históricas, socioculturis e institucionais
- Impactos positivos e negativos

**Ser balsense: sentimento de pertencimento**
- Identidade territorial e cultural
- Diferenciação e pertencimento
- Pertencer, incluir e enraizar-se

**Identidades construídas nos discursos**

Essa discussão contempla na análise dos dados a identificação dos recursos discursivamente utilizados pelos narradores em seus posicionamentos e construção das identidades. As respostas à questão "conte a sua história" emergem de forma espontânea, sendo que o participante narrador explicita os significados das experiências de vida. Nessa direção, ele se utiliza de recursos de referenciação para especificar os lugares e posicionamentos na construção da narrativa. Nessas interações os objetos de discurso vão sendo introduzidos, negociados, revelando as identidades que são construídas em vivências específicas, nas transformações ocorridas, trazidas na memória e ressignificadas.

Isso implica que as situações cotidianas na interação com pessoas diferentes são observadas nos discursos e podem ser compreendidas mais facilmente.

## A construção do *Eu*

Esta seção abarca as histórias de vida e outros tipos de narrativas autobiográficas e de experiência pessoal construídas nas entrevistas, concebidas como formas de compreender a constituição do "eu" e dos processos sociais. Os assuntos que desencadeiam essas narrativas são histórias de vida dos participantes e de suas famílias, bem como sua localização no tempo e espaço.

Acreditamos que as histórias de vida de um indivíduo apontam não só para a sua existência singular, nem só para o contexto social onde ele foi criado, mas para a imbricação entre essas duas condições. A principal característica desse tipo de fonte talvez não seja a subjetividade, mas a singularidade da narrativa, isto é, o fato de que cada narrativa constitui uma articulação, feita por um narrador. Trata-se de uma narrativa que traduz a perspectiva pessoal que o indivíduo tem sobre a própria experiência ou sobre um tema específico. O mais relevante nesse discurso é a associação (as relações de causa e efeito, os destaques, os comentários) que cada narrador faz para construir sua própria história. É um equívoco ver o narrador apenas como um representante de um dado segmento social ou contexto histórico, ao narrar ele constrói suas histórias de vida e possibilita abrir espaço para a construção do 'eu" em interlocução com as transformações sociais. "O encontro entre o entrevistado e o entrevistador é um ato consciente, demarcado, quase uma encenação teatral na qual é dado ao narrador toda a liberdade para construir, para si próprio e para o outro, uma imagem de si" (WORCMAN; COSTA, 2017, p. 338).

Essa abordagem permite que os participantes se posicionem como narradores de suas histórias, construindo social e discursivamente suas identidades. As entrevistas empreendidas nesta pesquisa iniciam com o enunciado "conte a sua história...", uma espécie de contextualização, uma aproximação que constitui uma relação de cumplicidade.

**Excerto 12**

| 40 | Marta | conte a sua história... como é que o senhor nasceu... |
|---|---|---|
| 41 | João | é... meu pai é procedente do Ceará... procedente... mas... é |
| 42 | | nascido no Piauí... Uruçuí-PI... bem... mas procedente dos |
| 43 | | dois estados lá do nordeste... Paraíba e... e... Ceará...o pai |
| 44 | | da Paraíba... a mãe do Ceará...a família da mãe... da minha |
| 45 | | mãe... é do Ceará...tem parentesco...com... é a mesma coisa... |
| 46 | | da família do... do... presidente João Pessoa... do governador |
| 47 | | João Pessoa... |

No excerto apresentado, as respostas emergem espontaneamente e o participante externaliza os significados dados a suas experiências. João nasceu em 1929, estudou até a quarta série, mas todos os dias após dar uma caminhada, deita-se na rede e faz suas leituras, sempre muito conhecedor dos acontecimentos de sua região e de assuntos gerais. Ao narrar a sua história, João utiliza termos bastantes peculiares no decorrer da entrevista, como, na linha 41, quando usa o referente "procedente" para pontuar a sua origem e de sua família. Inúmeras vezes, ao longo da entrevista, em suas narrativas utiliza termos pouco usados como "coçados pela seca", "derradeiro", "era bem depurado", "vieram de outras plagas" relacionando-se a um traço constitutivo de seu "eu". A forma como João se apresenta, seu parentesco com o Presidente João Pessoa, possibilita a construção de valores sociais implícitos, de forma que ele faça total sentido ao que ele assume como sendo característico de seu "eu".

Assim como João, Nora e os demais participantes da pesquisa revelam em seus enunciados que são descendentes de migrantes, que, se não foram seus pais, foram seus avós ou bisavós que vieram de diferentes lugares: do Piauí, da Paraíba, do Ceará, da Bahia, para a região Sul do Maranhão. Essas falas corroboram a visão histórica de que a região sul-maranhense foi habitada inicialmente por vaqueiros vindos da Bahia, Ceará, Piauí e outras partes do Nordeste.

No excerto 13, Nora menciona que vieram morar na região em consequência da agricultura, em busca de terras para morar e para plantar. Através de uma abordagem territorial, de apego a terra, percebemos que o espaço agrário constitui uma identidade cultural e, consequentemente, a mudança da territorialização no início do século XX propiciou uma nova organização da região Sul do Maranhão.

Os termos linguísticos para evidenciar lugar são denominados dêiticos, instrumentos linguísticos responsáveis pela coesão e a continuidade do texto. Na entrevista de Nora, no excerto 13, observam-se os dêiticos de lugar como na linha 6 – 10: "Bahia, Maranhão, cearenses" confirmando como a utilização dos elementos discursivos referenciais de lugar marcam as suas origens e de onde vieram seus familiares, consequentemente como foi formada a comunidade de que fazem parte. A ênfase no dêitico "lá" reafirma o espaço e o lugar deixado para trás como na linha 6 diz Nora: "saíram de lá...". A referência dêitica de lugar é um termo linguístico empregado para reforçar a associação conceitual de lugar em seu contexto situacional.

## Excerto 13

| 1  | Marta | então hoje nós vamos entrevistar a dona Nora... aqui na |
| -- | ----- | ------------------------------------------------------- |
| 2  |       | comunidade São José... e dona Nora... a gente quer saber a |
| 3  |       | história daqui... como é que começou... a sua história... a sua |
| 4  |       | família... seus pais... seus avós... vieram de onde? |
| 5  | Nora  | meus bisavós vieram da Bahia... eram Baianos.. (SI) eles |
| 6  |       | vieram se ter aqui pro Maranhão... saíram de lá... vieram se ter |
| 7  |       | aqui no Maranhão... meus bisavós maternos... os meus bisavós |
| 8  |       | paternos... vieram... diz que é descendente dos cearenses... eu |
| 9  |       | não sei... eu sei que o meu bisavô materno... por parte de mãe |
| 10 |       | era cearense... chamava (NO)... pois é... e o meu avô paterno |
| 11 |       | chamava se(NO)... a minha avó chamava se (NO) e meus avós |
| 12 |       | maternos eram (NO) e (NO)...essa é minha família TODA... |
| 13 |       | tanto por parte de pai...como por parte de mãe... |

A história de vida é a narrativa construída a partir da memória de cada um e corresponde àquilo que vivemos e conhecemos. Por essa razão ao utilizarmos o "eu", em uma perspectiva singular, podemos também representar o "nós" ou mesmo o "eles" em um contexto histórico social. "Construir uma narrativa sobre si é colocar o outro no lugar de testemunho de sua existência" (WORCMAN; COSTA, 2017, p. 337). Nesse sentido, Nora, especifica o referente "eles", como pode ser observado no enunciado da linha 6 "vieram se ter aqui pro Maranhão" e confirma a construção do seu "eu" como um indivíduo pertencente a determinado contexto social. Um contexto social em que a narradora está inserida como um ser histórico e suas narrativas estão permeadas de experiências que podem contribuir para a construção de sua identidade. Na progressão referencial de Nora, quando utiliza, na linha 13, o sintagma "...essa é minha família TODA...", no processo de construção de sentido percebemos o referente "essa" como uma anáfora encapsuladora que exerce a função de resumir uma porção significativa do texto e como um processo cognitivo relacionado à memória discursiva reforça a ideia do que vem sendo tratado. Convém acrescentar que a recategorização dêitica do objeto de discurso "TODA" contribui para a construção do sentido da apresentação de Nora como moradora desse e não de outro lugar, dessa e não de outra família. Dessa forma, ao construir sua história criando e descrevendo personagens, organizando certos fatos temporalmente e se posicionando na história diante dos personagens, ela constrói, para si e para a entrevistadora, um sentido de si mesma, coconstruído na interação.

O excerto 13 caracteriza o nível 1 de posicionamento em que Nora se projeta no tempo e espaço e ao narrar localiza-se na história de sua família. A utilização dos possessivos "meu" e "minha" não constituem um "eu" individualizado, mas sim uma pessoa que tem existência em um espaço social em um dado momento da história.

No excerto anterior, Nora se posicionou no tempo e espaço de sua história, mas é a partir do próximo excerto que ela se apresenta como professora no sertão, uma pessoa muito conhecida pela sua participação na comunidade que, mesmo tendo apenas o Ensino Fundamental, alfabetizou muitas pessoas na região.

**Excerto 14**

| 219<br>220 | Marta | se a senhora tivesse que dizer nos seus 82 anos... quem é a Dona Nora hoje...quem é? |
|---|---|---|
| 221<br>222 | Nora | quem é? é essa pouca figura...que a senhora está vendo aqui... |
| 223 | Marta | essa figura lendária... |
| 224<br>225<br>226 | Nora | pois é... é essa pouca figura... a senhora queria conversar com uma velha que não é culta nos estudos... fiz até o primário... |
| 227 | Marta | ah... que isso... mas são todos conhecimentos... |
| 228<br>229<br>230<br>211<br>232<br>233<br>234<br>235 | Nora | mas que eu tenho muitos alunos meus formados... isso me orgulha... eu ensinava até o quarto ano... mas quando eu dava um certificado pra um aluno meu no 4º ano... podia ele ir pra cidade... que ele pegava o ginásio... eu não tinha vergonha do pouco estudo que eu tinha... que eu lecionava... trabalhava não era pra ganhar o pão de cada dia... era pra fazer homens para crescer a nossa pátria... homens e mulheres... |

A partir do nível 1 de posicionamentos proposto por Bamberg (2004) "como os personagens estão posicionados em relação aos outros dentro dos eventos narrados", identificamos algumas marcas linguísticas que foram empregadas no posicionamento de Nora no estabelecimento do universo narrado. Ao posicionar-se utilizando os dêiticos de marcação de primeira pessoa "eu", "meus", Nora constrói um sentido de si e marca o seu lugar na narrativa. No contexto interacional, na linha 221, Nora se constitui para seu interlocutor como "essa pouca figura...que a senhora está vendo aqui...". Na sequência da interação verificamos uma coconstrução no momento em que a entrevistadora define Nora a partir da expressão referencial rotuladora "essa figura lendária", acrescentando uma informação nova para justificar as características positivas da narradora. A rotulação é definida a partir de um único item lexical, a adjetivação "lendária", criando um novo referente textual, que, por sua vez, passará a constituir o tema dos enunciados subsequentes. Segundo Koch (2014), ao criar um novo objeto de discurso, esses rótulos não só propiciam a progressão textual, como, em parte, a efetuam. Trata-se, pois, de formas híbridas, simultaneamente referenciadoras e predicativas, isto é, veiculadoras tanto de informação dada ou inferível, como de informação nova.

Na linha 224-225, na negociação do discurso, "é essa pouca figura... a senhora queria conversar com uma velha que não é culta nos estudos..." a narradora faz uma autorreferência, empregando dêiticos em terceira pessoa e, ao utilizar os referentes "pouca figura", "velha", "não culta", reconstrói-se na categorização social a partir da sua estatura física, pequena, magra e sem formação completa para exercer a sua função de professora. Nora utiliza a repetição do referente "pouca figura". Essa repetição reafirma o argumento inicial da narradora posicionando-se como "essa pouca figura" e reforça sua identidade contrastando com a pesquisadora.

A posição que Nora assume no evento discursivo nos fornece elementos para analisar o primeiro nível de posicionamento que estabelece os personagens da história, os papéis que lhes são dados e reconstruídos e o modo como eles são caracterizados e colocados em relação uns com os outros.

Lopes e Bastos (2002, p. 94) afirmam quanto a esse nível de posicionamento que um traço da natureza social do discurso "é o fato de que ao mesmo tempo em que levamos em consideração a alteridade quando nos engajamos no discurso, também podemos alterar o outro e o outro pode nos modificar". Ou seja, ao mesmo tempo em que aceitamos as identidades dos participantes discursivos, estamos também (re) construindo as identidades deles e as nossas nas práticas discursivas.

No segundo nível, o narrador se posiciona em relação à audiência e na construção discursiva das histórias pessoais torna as suas ações compreensíveis. A experiência de Nora é reconstruída discursivamente na história narrada, apresentando diversos posicionamentos pessoais e profissionais e parece ser a partir destes que suas "lembranças" são reconstituídas mais positivamente.

**Excerto 15**

| 237 | D. Nora | eu estava com meus alunos e era uma vida feliz... eu |
|---|---|---|
| 238 | | não passava 20 dias... mês... só com a cara dos alunos |
| 239 | | e dos pais... era padre... era prefeito... era deputado... era |
| 240 | | médico... tudo me visitavam no meu lugar... todos eles (SI) e |
| 241 | | eu adorei minha profissão... tanto que eu não gosto de ir em |
| 242 | | colégio... ainda hoje eu tenho saudade da minha profissão... |
| 243 | | mas com as coisas se evoluindo... eu não tenho mais como |
| 244 | | seguir... uma coisa que eu sinto tanto... tanto... a coisa que |
| 245 | | eu mais adorava no mundo era alfabetizar... se tivesse uma |
| 246 | | maneira de eu alfabetizar as crianças... eu alfabetizava |
| 247 | | porque as crianças... vou dizer pra senhora... a senhora está |
| 248 | | despreocupada com isso... eu vou alfabetizar uma pessoa... |
| 249 | | eu vou fazer com que ela conheça... primeiramente o meio |
| 250 | | ambiente em que ela convive... pra depois ela ir distanciando |
| 251 | | ao longe... e hoje em dia querem alfabetizar as crianças |
| 252 | | conhecendo do Rio de Janeiro... de São Paulo... se ela |
| 253 | | não conhece nem o meio ambiente em que vive... ela não |
| 254 | | sabe conviver e a criança só vai em frente se nós formos |
| 255 | | do lugar que ela convive pra nós irmos nos distanciando... |
| 256 | | ela não tem dificuldade de estudo assim... |

Dando continuidade ao evento narrado, Nora tece considerações sobre "ser professora" e ao contar a sua história ela dá sentido a si mesma, ao mesmo tempo em que é também uma forma de discurso, um modo de agir no mundo social. Nesse momento a narradora faz sentido da sua narrativa para fazer compreender qual o motivo de a história ser contada e quais os efeitos que o falante pretende alcançar com a narrativa.

Nora, na sequencialidade de seu discurso, utiliza uma estratégia discursiva de progressão referencial que está diretamente ligada à interpretação social da sua profissão: "... mas que eu tenho muitos alunos meus formados... isso me orgulha... ‹ eu estava com meus alunos e era uma vida feliz... ‹ e eu adorei minha profissão... ‹ tenho saudade da minha profissão... ‹ a coisa que eu mais adorava no mundo era alfabetizar...". É importante ressaltar como o evento narrativo de Nora inicia com o verbo no presente "eu tenho", mas depois remete ao passado "estava", "adorei", "adorava" no sentido de que a narrativa remete a eventos passados para construir o presente, orientando a audiência na direção do turno, posicionando o narrador, em uma atividade típica de contar histórias. O modo como esses eventos são inseridos na fala reforça o modo como as narrativas são tipicamente tecidas em conversas em andamento (BAMBERG, 2012).

No decorrer da narrativa, podemos acompanhar os processos de identificação de Nora diante das experiências propiciadas pela sua vivência como professora. Nesse ponto da narrativa, Nora aborda inicialmente o sentimento de satisfação por ter muitos alunos seus formados e traz na força elocucionária do referente anafórico "isso me orgulha" uma rede conceitual e discursiva situada de sua experiência.

O emprego do predicativo "feliz" indexa um posicionamento reforçado sobre a referente profissão, expresso pelas falas "adorei minha profissão", "tenho saudade da minha profissão" e "a coisa que eu mais adorava no mundo era alfabetizar". A sequência narrativa é bem marcada, quando Nora, na linha 247, mediante a inserção de novas informações ligadas a acontecimentos relativos à sua vida profissional acrescenta: "vou dizer pra senhora...". Nesse momento dirige-se ao seu interlocutor, identificando-se com a pessoa com quem fala e chama a atenção para o evento que irá narrar. Nora, no seu papel de alfabetizadora, neste nível de posicionamento, insere o tópico com a postura de conhecedora: "eu vou alfabetizar uma pessoa... eu vou fazer com que ela conheça... primeiramente o meio ambiente em que ela convive... pra depois ela ir distanciando ao longe...". Assim, pode-se demonstrar que o compartilhamento de informações a respeito da metodologia utilizada para alfabetizar complementa a posição da entrevistada e ressalta, que mesmo sem formação, Nora como professora utiliza uma prática pedagógica que estimula os educandos, a partir de uma reflexão crítica de sua realidade, conhecer um mundo diferente a partir de culturas e realidades ainda desconhecidas.

Segundo Bamberg (2002), embora o nível 1 e o nível 2 sejam distintos, as fronteiras entre esses dois níveis são um pouco fluidas, especialmente porque muitas vezes os métodos linguísticos servem como índices para ambos os tipos de posicionamentos. O nível 3, segundo o autor, vai apresentar potencialmente a probabilidade de utilizar categorias interpretativas e culturalmente mais carregadas. A narradora enfatiza na interação o aqui-e-agora da situação comunicativa e uma posição moral é destacada tentando construir uma resposta à questão: "como eu quero ser entendida por você".

### Excerto 16

| | | |
|---|---|---|
| 298 299 300 | Nora | eu era professora... se eu falar pra vocês... eu era professora... eu era catequista... eu era animadora da comunidade e trabalhava pela (SI)... |
| 301 | Marta | nossa... |
| 302 303 | Nora | tinha dia que eu saía às sete horas da minha casa... tomava café... chegava às vinte e duas e trinta da noite... |
| 304 | Marta | nossa... por isso que a senhora é uma lenda aqui... |
| 305 | Nora | pois é... |

Na linha 298, Nora posiciona-se no espaço discursivo como uma pessoa totalmente integrada na comunidade, localizando-se no sentido geral: "... eu era professora... eu era catequista... eu era animadora da comunidade". A posição de Nora é assumida, mesmo utilizando os verbos no passado e as repetições relativas ao tempo verbal atuam com a função de temporalização. Por outro lado, estabelecem relações discursivas interessantes ao aspectualizarem a argumentação situada em tempos contrastantes, que diferenciam a natureza das ações praticadas (MARCUSCHI, 2015).

Na linha 304, a expressão rotuladora é reafirmada, quando o interlocutor utiliza o referente "a senhora é uma lenda aqui..." e é confirmada na linha 305 quando Nora utiliza o marcador discursivo "pois é..." que atua no nível do discurso como um consentimento, como a comprovação dos dados factuais de que realmente ela é uma lenda, confirmando com isso, que a referenciação é um processo realizado negociadamente no discurso.

Esse terceiro nível é a consolidação das posições do indivíduo nos dois primeiros níveis e leva a um sentido de continuidade na construção do *self*. A sua posição moral é indexada como sendo o espaço habitado pelo falante e gerado em conjunto pelos participantes da conversa (BAMBERG, 2012). Em termos de identidade construída dentro do enquadre interacional específico, todo o discurso de Nora foi para dar respostas à pergunta "quem sou eu". No modo como a narradora formulou uma posição que evoca um sentido de self que confirma em termos do que significa ser professora e atuante na sua comunidade.

O arranjo sequencial desses três níveis de posicionamento não é uma coincidência para fins de análise, o arranjo textual enfatiza a ação de como os falantes se colocam interacionalmente e como chegam a fazer sentido de si próprios. Harré e Van Langenhove (1999) argumentam que o posicionamento está em como as práticas discursivas constituem os falantes e ouvintes e como eles podem negociar novas posições, dessa maneira as pessoas se engajam interacionalmente na construção discursiva e fazem sentido de si mesmas e do lugar ao qual pertencem. Bamberg (2002, p. 155) acrescenta que o modo como pensam e interpretam a si mesmas não é o reflexo de ideologias sociais já existentes, mas sim discursos construídos "microgeneticamente em situações localizadas e cotidianas, juntamente com outras pessoas, já que o objetivo é ser entendido pelos outros".

O excerto abaixo focaliza José, morador da zona rural, agricultor, analfabeto, que desenvolve o tópico da entrevista fazendo uma autoapresentação. Ao narrar, José toma sua história como a expressão de uma realidade vivida em um tempo e espaço de um contexto sociocultural simbolicamente constituído.

## Excerto 17

| 12 | José | é:: eu nasci aqui... trabalho aqui no município de Balsas... meu |
|----|------|------------------------------------------------------------------|
| 13 |      | pai veio das caatingas... minha mãe é daqui do Gerais... ela     |
| 14 |      | morava no Gerais... na Cangaia pra lá que ela morava... depois   |
| 15 |      | eles mudaram pra cá... eu trabalho de roça... eu planto milho... |
| 16 |      | eu planto feijão... eu planto mandioca... tem vez que a gente    |
| 17 |      | planta o arroz... mas é difícil...mas essas outras coisas tudo   |
| 18 |      | eu faço...                                                       |

O que parece importante destacar no excerto acima é que a partir das narrativas orais podemos perceber a identificação do território, uma forte associação entre o "eu" e o espaço, o lugar de pertencimento. Na entrevista do José há uma marca muito forte quando ele caracteriza os dêiticos locais e espaciais: "eu nasci aqui...", em sequência: "no município de Balsas...", "das caatingas...", "daqui do Gerais...", "na Cangaia... pra lá...", "depois eles mudaram pra cá...". Ao analisar e conhecer as representações dos diferentes espaços na construção da realidade, articulam-se diversas características de territórios presentes em uma dada localidade e expressam o espaço a partir dos significados dados aos lugares vividos. Os dêiticos de lugar funcionam como um mosaico em que cada peça tem um significado, pois esses recursos referenciais apresentam acontecimentos passados, lembranças narradas até chegar ao presente.

No excerto 18, Luís se apresenta como balsense nascido a 20 km da cidade, tem 42 anos e veio muito cedo do sertão com os pais e oito irmãos, depois eram dez. Luís conta a história de seus avós que, como a maioria dos balsenses, vieram de outros estados como Piauí e Bahia e, quando chegaram à cidade, depararam-se com poucas famílias tradicionais, ricas que contrastavam com a grande maioria que vivia em torno que eram os mais pobres, sem o mínimo de condições de sobrevivência, sem energia, sem água, sem trabalho. A família "inventou um modo de sobreviver", o pai vendia frutas na feira, e a mãe, bolo e cuscuz. Desde criança, junto com os irmãos, ajudava a mãe na feira e no mercado público todos os dias até a hora de ir para a escola e, à tarde, vendia "dindim" para ajudar nos gastos da casa. É por meio dessas localizações identitárias que Luís abre sua narrativa:

## Excerto 18

| 9  | Luís | bom... então você já falou eu sou Luís... e sou balsense e |
| --- | --- | --- |
| 10 |  | nasci a uns 20km da cidade... nasci no município de Balsas... |
| 48 | Luís | viemos para Balsas... aqui eu cheguei com 8 anos... então |
| 49 |  | era uma cidadezinha muito pequena... no sentido de |
| 50 |  | desenvolvimento não só geográfico... é:: e aqui o que a gente |
| 51 |  | se deparou... se deparou com poucas famílias tradicionais... |
| 52 |  | ou seja... as famílias ricas e a grande maioria vivia em torno |
| 53 |  | que eram os mais pobres... mas sem... mas pobre MESMO... |
| 54 |  | sem... o mínimo de condições de sobrevivência né... então |
| 55 |  | os pobres ficavam em torno da cidade... ali a escolaridade |
| 56 |  | era um:::ito pobre também... sem energia... sem água... |
| 57 |  | sem emprego... não existia nada e:: meus pais quando eles |
| 58 |  | chegaram aqui na cidade eles foram viver é:: trabalhar... |
| 59 |  | como não tinha outro tipo de trabalho é:: vendendo... isso |
| 60 |  | era o povo que inventava os modos de sobreviver... vendiam |
| 61 |  | bananas... frutas na feira né: e a mamãe vendia... isso era |
| 62 |  | o papai e a mamãe vendia bolo... fazia bolo e cuscuz... |
| 63 |  | essas coisas e eles vendiam na feira... então desde criança |
| 64 |  | a gente ajudava ela fazer isso em casa e ia todos os dias... |
| 65 |  | e ia pra feira... pro mercado... o mercado central... então a |
| 66 |  | gente ficava até 7 horas e voltava pra casa... tomava banho |
| 67 |  | e ia pra escola e:: à tarde ia vender dindim... que é suquinho |
| 68 |  | pra nós... então é:: a minha mãe deixou uma herança muito |
| 69 |  | valiosa pra todos nós meus irmãos...que foi ensinar a gente |
| 70 |  | a trabalhar... |

Na linha 9, o primeiro referente é introduzido por meio da descrição definida "eu sou Luís e sou balsense". O uso da primeira pessoa como recurso linguístico para se posicionar no universo do relato é a recapitulação oral de histórias vividas pessoalmente no cotidiano. Podemos constatar, nas linhas 68-70, que o ato de narrar sobre si mesmo é claramente constitutivo de identidades individuais e coletivas: "...a minha mãe deixou uma herança muito valiosa pra todos nós meus irmãos, que foi ensinar a gente a trabalhar". A forma como Luís se apresenta no universo narrativo possibilita que se posicione de acordo com seu papel desempenhado no contexto social de que faz parte. Bamberg (2004), em sua teoria sobre posicionamento, argumenta que as posições são exibidas interativamente e podem ser simultâneas, para que o indivíduo faça sentido de si mesmo e dos outros em suas histórias e, dessa maneira vai construindo identidades. Não se constrói identidade para si, mas se constroem identidades com os outros. De Fina (2010) defende que enquanto usamos a linguagem para construirmos a nossa imagem, também a utilizamos para identificar outras pessoas, para evidenciar nossas semelhanças ou diferenças. O "eu" e o "nós" utilizados no discurso criam mundos pessoais e sociais que contribuem para o entendimento dos processos socioculturais. A partir da trajetória biográfica do narrador criam-se referências para identidades locais ou coletivas.

A dêixis é uma estratégia discursiva referencial que designa um conjunto de palavras direcionadas para o contexto situacional. Está diretamente ligada a dois elementos envolvidos no discurso: o eu (locutor) e o tu (interlocutor) que se inserem num determinado tempo (agora) e num determinado espaço (aqui) e partilham (ou não) um universo de referência – o mundo. A dêixis pessoal indica as pessoas do discurso que participam no ato de enunciação como na narrativa nas linhas 48-51 "nós", "eu" e "a gente" demonstram o posicionamento de Luís no contexto social da dimensão discursiva que parte de um "eu" para um "nós", não somente a construção de si mesmo, mas uma forma de construir o outro.

Segundo Koch e Marcuschi (2002, p. 352) "a referência diz respeito sobretudo às operações efetuadas pelos sujeitos à medida que o discurso se desenvolve". Luís, ao construir sua narrativa e relatar suas experiências de vida, volta-se para o movimento da realidade social, a partir do lugar em que vive, do espaço geográfico constrói uma representação do "eu" como na linha 49: "era uma cidadezinha muito pequena...". Luís se localiza utilizando os dêiticos espaciais "Balsas", "aqui", que é retomado pelo objeto discursivo "cidadezinha" e recategorizado pelo predicativo "muito pequena", confirmando que a cidade na época era uma localidade desprovida de oportunidades e confirmada pelo referente "no sentido de desenvolvimento não só geográfico...".

Quando Luís, na linha 50, declara: "a gente se deparou com poucas famílias tradicionais... ou seja... as famílias ricas e a grande maioria vivia em torno que eram os mais pobres...mas pobre MESMO... sem... o mínimo de condições de sobrevivência linha 55 ali a escolaridade era um:::ito pobre também... sem energia... sem água... sem emprego... não existia nada...". Nesse contexto, dois objetos discursivos opostos "ricos" e "pobres" estabelecem a conexão construindo uma cadeia textual significativa evidenciada pelo referente dito de forma enfática "pobre MESMO". Ao narrar o passado, Luís retoma as condições mínimas de sobrevivência das pessoas que chegavam e não tinham trabalho e acrescenta "o povo que inventava os modos de sobreviver...", vendiam frutas, bolo, cuscuz. A história narrada por Luís apresenta o processo histórico local e, ao mesmo tempo em que mostra a face micro dessa realidade, há uma realidade social mais ampla, que constitui indicadores sociais situados dentro de uma perspectiva de territórios de inclusão ou de exclusão.

**Excerto 19**

| 158 | Luís | por que era assim... esses eram... é Balsas era um fruto de |
| --- | --- | --- |
| 159 | | uma região daqui do Sul do Maranhão de:: dessa forma:: |
| 160 | | na época da política do coronelismo do Nordeste do Brasil... |
| 161 | | então essa cultura nossa daqui veio de lá... não que esse |
| 162 | | tipo de exercer o poder sobre o povo... que a gente chama |
| 163 | | de coronelismo não que existia só no Nordeste... mas só para |
| 164 | | afirmar pra você como era vivenciado esse relacionamento |

Na linha 160, identificamos a dêixis temporal "na época", que relaciona os fatos com o passado, o tempo em que eles aconteceram. Esses espaços físicos e temporais convertem-se em elementos discursivos relevantes para reforçar, no contexto, a história da região que foi constituída pelos grandes proprietários de terras que dominavam politicamente todas as cidades do interior.

Nas linhas 158-160, o narrador novamente evidencia o lugar "Balsas", "região daqui do Sul do Maranhão", "do Nordeste do Brasil", "cultura nossa daqui". Nesse excerto, a partir do primeiro referente, "Balsas", desenvolve-se uma cadeia referencial expandida pelo acréscimo sucessivo de novas (re) categorizações acerca deste referente como "região", "daqui" "Sul", "Maranhão", "Nordeste", "Brasil". As cadeias referenciais funcionam como um meio de orientação argumentativa do narrador que, a partir de uma sequência de itens lexicais, torna possível categorizar o objeto de discurso e apresentar a evolução de suas características. Mas é quando Luís utiliza o sintagma "cultura nossa daqui" que ele se posiciona como indivíduo daquele lugar, ocorrendo a dêixis social, a qual designa os papéis sociais dos participantes em um contexto enunciativo.

Mondada e Dubois (2014) reforçam que a referenciação é concebida como uma construção colaborativa de objetos de discurso, isto é, objetos cuja existência é estabelecida discursivamente, emergindo de práticas simbólicas e intersubjetivas. Ao construir as narrativas, o narrador localiza os personagens no tempo e no espaço, colocando uns em relação com os outros, criando um mundo social no qual emergem histórias como expressão de uma realidade vivida. Esse tempo e espaço situado pelo narrador retrata um contexto sociocultural simbolicamente constituído.

No excerto abaixo, Vitória faz uma representação histórica dos aspectos socioculturais de determinado povo, pois expressa os ritmos de viver e de se organizar dos diferentes grupos sociais. A narrativa expressa a maneira de compreensão do mundo sertanejo por seu agente social, marcada por uma memória imaginada dentro de uma coletividade de experiências passadas, que garante sua permanência no presente. Geertz (2017) explica a concepção de pessoa, nesse sentido, como um universo cognitivo e motivacional delimitado, único e mais ou menos integrado, um centro dinâmico de percepção, emoção, juízos e ações organizado em uma unidade distinta e localizado em uma situação de contraste com relação a outras unidades semelhantes, e com seu ambiente social e natural específico.

**Excerto 20**

| 413 | Vitória | homem natural que eu chamo de SERTANEJO... no campo da |
| --- | --- | --- |
| 414 | | região aqui é interessante (SI) é chamado de sertanejo... todos |
| 415 | | nós conhecemos... ele é sertanejo... então é sertanejo aquele |
| 416 | | que vive no sertão e este sertão é o que... é a área rural aqui... |
| 417 | | nós chamamos... a fazenda... que não é a mesma coisa... |

Ao utilizar o sintagma "homem natural" recategorizado, de forma enfática, pelo elemento anafórico "SERTANEJO", Vitória utiliza essas designações e define esse alguém como um ponto determinado em uma estrutura fixa, o ocupante de um *locus* cultural bastante específico. Vitória identifica-se com esta caracterização ao utilizar os dêiticos "aqui" e "nós" construindo-se como participante desse universo, posicionando-se como sertaneja. A narradora situa também espacial e temporalmente a categoria de sertão: "sertão é o que... é a área rural aqui... nós chamamos... a fazenda... que não é a mesma coisa...". Deste modo, a memória só poderia ser concebida, enquanto elemento aglutinador, se for pensada dentro de uma coletividade identitária, transformando-se em elemento essencial na formação de regiões de cultura (GEERTZ, 2017). O sertanejo se reconhece como tal a partir do momento que assume características comuns, reconhecíveis em outros indivíduos, contextualizados num ambiente específico: o sertão. Essa dicotomia que marca os diferentes grupos, o sertão e a fazenda, reforça o conceito de Woodward (2014, p. 14) sobre identidade e diferença quando afirma que a "conceitualização da identidade envolve o exame de sistemas classificatórios que mostram como as relações sociais são organizadas e divididas", por exemplo em dois grupos "nós e eles", entre a designação de homem natural, que é o sertanejo, e os outros, assim a identidade é construída como uma representação linguística pensada a partir da diferença.

O excerto abaixo destaca a importância do narrador e do seu papel na sociedade. O seu posicionamento na narrativa marca um olhar sobre si em diferentes tempos e espaços, os quais se articulam com as lembranças e as possibilidades de narrar suas experiências. Quem determina o que deve ser contado é o ator da narrativa. Ainda que o pesquisador dirija a conversa, de forma sutil, é o informante que determina o que dizer da sua história, da sua subjetividade e dos percursos da sua vida.

Na história de Maria, os dados de uma narrativa autobiográfica são um espaço apropriado para a negociação e criação de identidades, sejam pelas posições assumidas na narrativa, seja por meio dos recursos discursivos empregados pelo narrador.

**Excerto 21**

| 18 | Maria | ... e me chamo Maria... pai e mãe são balsenses... é:: eu |
|---|---|---|
| 19 | | nasci no dia 12 de agosto de 1986... tenho então 31 anos... |
| 20 | | eu nasci aqui em Balsas... mas na época do meu nascimento |
| 21 | | os meus pais moravam no Rio Alto... então eu digo que sou |
| 22 | | do Rio Alto que é um povoado a 30 km aqui de Balsas...os |
| 23 | | meus avós paternos e maternos são de lá também... então |
| 24 | | assim... moravam em fazendas próximas ali ao povoado... e... |
| 25 | | a minha infância foi toda lá no Rio Alto... então eu sinto muita |
| 26 | | saudade... eu... sempre digo assim: se eu pudesse criar meus |
| 27 | | filhos... e eles tivessem... e eles pudessem ter a infância que |
| 28 | | eu tive lá no Rio Alto que seria muito bom... |

O início da narrativa de Maria remete a um determinado lugar social. Os lugares construídos discursivamente via processos referenciais são expressos com o uso de dêiticos temporais e espaciais no ato da enunciação. O uso dos dêiticos se concentra inicialmente ao redor da primeira pessoa externada no excerto na forma de verbos e pronomes: "me", "eu", "nasci", "tenho", "meu", "meus", "sou" e dessa forma demonstra explicitamente a primeira pessoa construindo seu enunciado. O narrador coloca-se como centro de referência que serve de base para a constituição do espaço e do tempo discursivos no aqui e agora em virtude da relação intrínseca com o contexto de fala.

É possível também observar os dêiticos temporais e espaciais implicados na narrativa que desencadeiam uma organização no âmbito espaço-temporal da história. No âmbito espacial: "aqui", "em Balsas", "no Rio Alto", "a 30 km aqui de Balsas", "lá", "em fazendas próximas", "ali", "do Sul" e no âmbito temporal: "em 1986", "na época" evocam significação em virtude do contexto enunciado por Maria que tem como referência um "eu" colocado em um determinado tempo e espaço. Esses elementos dêiticos assumem sentido pois estão imbricados na narrativa, ou seja, o "eu" se manifesta em um dado espaço e em um determinado tempo.

A CONSTRUÇÃO DE IDENTIDADES: (des)encontros no sul do Maranhão 117

**Excerto 22**

| 29 | Maria | e assim que vai ao encontro da pesquisa... o Rio Alto é um |
|----|-------|-------------------------------------------------------------|
| 30 |       | povoado formado por pessoas que vieram do Sul do Paraná... |
| 31 |       | praticamente... e eu morava bem ao centro do povoado... às |
| 32 |       | vezes eu até brincava... eu dizia que eu morava na divisa entre |
| 33 |       | a Alemanha e a Itália... porque de um lado realmente de onde |
| 34 |       | eu morava eram as pessoas lindas... mais descendentes de |
| 35 |       | alemães e do outro lado descendentes de italiano... então... |
| 36 |       | a minha família... meus pais já trabalhavam para essas |
| 37 |       | pessoas... já conviviam muito... então... assim até da minha |
| 38 |       | educação de casa já tem um pouco do que eles aprenderam |
| 39 |       | com essas pessoas... e eu também porque ali na escola na |
| 40 |       | época a escola do povoado é... ensinavam até a quarta série... |
| 41 |       | então os filhos de todos os moradores ali... |

Na fala de Maria, as formas nominais e expressões referenciais já remetem a uma época mais recente, na linha 32: "eu dizia que eu morava na divisa entre a Alemanha e a Itália::", de um lado eram pessoas descendentes de alemães e de outro italianos, na linha 36: "a minha família...meus pais já trabalhavam para essas pessoas...já conviviam muito... então... assim... até da minha educação de casa já tem um pouco do que eles aprenderam com essas pessoas e eu também".

A narrativa de Maria expressa a sua convivência com migrantes e a proximidade com culturas diferentes. Para Maria essas práticas vão ganhando novas significações na medida em que confrontam novas experiências que para ela são positivas. De Fina e Tseng (2017), postulando sobre o posicionamento ou maneiras pelas quais as categorias sociais são usadas pelos narradores para negociar inclusão e exclusão de grupos, afirmam que as narrativas são objetos privilegiados de análise. De fato, as narrativas não só representam os tipos de encontros sociais que os narradores provavelmente tiveram, mas também a sua própria forma de rotular-se ou de sentir-se pertencente a um grupo.

O recurso discursivo utilizado na linha 32-33 "na divisa entre Alemanha e Itália" evidencia um dêitico espacial que estabelece uma relação de localização no espaço. No momento em que Maria emprega esse referente, coloca-se no centro do processo migratório e orienta o interlocutor em relação ao espaço referido. Ao acionar a dimensão espacial recorre a um importante recurso de significação no universo do discurso. As experiências singulares narradas são fruto de uma escolha consciente ou não, são alçadas à condição de representativas daquela vida. Não que o narrador seja reduzido a elas, mas sua identidade é construída a partir da autorrepresentação que elas articulam, do que significam em termos de ser/estar/fazer no mundo e em termos de ponto de vista sobre o fato revelado (DIAS, 2016).

Maria, no excerto 23, utiliza recursos discursivos que marcam seu posicionamento construído progressivamente a partir da construção de sentidos que ela assume como narradora.

**Excerto 23**

| 42 | Maria | e assim como eu... e aí tinha outras famílias maranhenses |
| 43 | | também mas os filhos dos gaúchos alguns deles nascidos |
| 44 | | aqui em Balsas... outros que já vieram lá do Sul...então |
| 45 | | tinha um pouco de tudo também nós estudávamos juntos e |
| 46 | | tínhamos professoras maranhenses... minha mãe mesmo... |
| 47 | | uma das professoras e tínhamos também professores |
| 48 | | gaúchos... então assim eu comecei a viver essa mistura |
| 49 | | cultural desde meu nascimento e vejo como uma riqueza |
| 50 | | muito grande... perceber que o meu aprendizado... que |
| 51 | | os meus valores...as minhas crenças... tenho um pouco |
| 52 | | aprendido deles quanto eles... os meus amigos... a família |
| 53 | | deles também...tem um pouco de nós... e morei lá até os |
| 54 | | 15 anos em 2001 mudamos aqui para cidade e a partir de |
| 55 | | então... aí eu moro aqui em Balsas mesmo... |

Ao utilizar formas nominais relacionadas ao seu eu: "eu", "meu", "minhas", "nós" em oposição ao outro "deles", "os meus amigos", "a família deles", Maria chama a atenção para uma distinção importante para marcar a diferença 'nós-outros', tornando-se relevante para o entendimento de como os indivíduos se engajam nas interações. A alternância entre "nós" e "eles" utilizada por Maria marca a diferença entre os migrantes e seus descendentes dos balsenses. Segundo Bamberg (2012), ao se envolver em narrativas, as pessoas apontam de forma indexada como elas ancoram sua posição e como querem ser entendidas. Além disso esse fragmento inicia com o marcador discursivo "então assim" representando na interação a continuidade de argumentos para se chegar a uma conclusão ancorada naquilo que vinha sendo afirmado (RISSO, 2015).

O enunciado "eu comecei a viver essa mistura cultural" ativa o referente anafórico "riqueza" para representar que o discurso de Maria mobiliza percepções positivas em relação aos processos migratórios e a diversidade de pessoas que compõem o seu ambiente. Os objetos discursivos "meus valores... as minhas crenças..." configuram na realidade discursiva uma ênfase dos determinantes possessivos "meus" e "minhas" para caracterizar um significado de posse ou pertença que culmina com a afirmação nas linhas 51-53 "tenho um pouco aprendido deles... quanto eles... tem um pouco de nós...". Um "deles" vai se estabelecendo a partir da contraposição a um "nós", construindo uma relação de fusão entre os diferentes indivíduos que formam a comunidade e um movimento de construção positiva de equivalência na diferença. Retomamos Hall (2014) quando afirma que as identidades são construídas por meio das diferenças e não fora delas, isto é, as identidades são as posições que o sujeito assume, as representações a partir do lugar do "outro".

Para Bamberg (2004), a análise de posicionamentos parte do pressuposto de que as narrativas são ações situadas, isto é, elas são coconstruídas em configurações interativas e sua função principal é revelar como o que é dito – e por trás disso o "eu" e o executor da história – deve ser entendido. Em outras palavras, as narrativas, sejam elas primariamente sobre o eu do falante ou não, são sempre indexadas em relação à subjetividade do falante.

Ao final dessa seção apontamos, entre outros aspectos, para a percepção de que, ao narrar diferentes momentos de suas experiências, os narradores realizam diferentes construções de si. Os dispositivos linguísticos e discursivos destacados configuram características específicas do contexto social em que as histórias se originam, marcando o importante papel do tempo e espaço nas narrativas. O ordenamento espacial constitui-se como elemento básico, desempenhando uma significativa função estruturadora das narrativas analisadas. Nas trajetórias de vida abordadas, os elementos referenciais desse processo de inserção situam-se no passado deixado para trás e no presente vivido, instâncias em constante diálogo. O "aqui" e o "lá" se alteram de acordo com a apresentação dos narradores no momento em que as histórias estão sendo contadas.

Assim, podemos observar que o discurso autobiográfico é um *locus* privilegiado na análise de narrativas. O posicionamento do "eu", "nós" e "eles" propicia um campo de investigação no qual a relação entre o individual e o social constituem-se princípios fundamentais para a constituição das identidades.

## As mudanças históricas, sociais e culturais

As narrativas agrupadas nesta seção de análise reúnem histórias que têm como assunto as modificações ocorridas na cidade em detrimento dos processos migratórios e dos impactos trazidos pelo desenvolvimento. Os assuntos que abarcam as mudanças históricas são os impactos sofridos com a chegada da Petrobrás, da construção da BR 230 e principalmente da migração sulista nos anos de 1970, além do estranhamento com a chegada de pessoas vindas de muitos lugares ocasionando uma diferenciação entre "nós" e "eles".

Diante desses tópicos, emergem nas narrativas as histórias da cidade que refletem hábitos, costumes e tradições, que fornecem elementos às experiências e que se articulam dinamicamente, dando sentido e orientando as ações pessoais e coletivas, bem como as significações elaboradas pelos narradores. A convivência entre os migrantes e os "da terra" é permeada de interrogações, contradições e estranhamentos narratizados nas experiências vivenciadas pelos participantes.

O contexto analisado nas narrativas orais suscita uma compreensão mais apurada de como forças históricas, institucionais e socioculturais afetaram a vida social contemporânea e que identidades surgiram a partir de uma perspectiva que se concentra na forma como a vida social está ordenada ao longo do tempo e do espaço.

Os excertos narrativos abaixo destacam acontecimentos marcantes que determinaram a História de Balsas e o que aconteceu na cidade/região, constituindo-se como instrumentos eficazes para o estudo dos processos narrativos, possibilitando investigar as re (construções) identitárias, na atualidade, em um ambiente marcado pelos processos migratórios. O histórico do lugar tem valor explicativo no discurso e a composição da identidade contribui para "dizer quem é quem", como pensa e como age, reconstruindo espaços para delinear a construção de mundos pessoais e sociais.

No excerto abaixo Luís menciona os impactos ocorridos na região em virtude do grande número de pessoas que passaram pelo local ou então se fixaram para constituir o que hoje é Balsas. A narrativa, na sua sequencialidade, situa o interlocutor para revelar os três impactos ocorridos na cidade, ocasionados pela chegada de diferentes pessoas que constituíram a região: a presença da Petrobrás, a construção da BR 230 e a grande migração ocorrida a partir de 1970.

**Excerto 24**

| | | |
|---|---|---|
| 71 | Luís | nós somos 10... 10 irmãos... é::.... então foi assim... fomos |
| 72 | | chegando aqui e tentar estudar... e depois eu acho que |
| 73 | | convivi... dentre esses 42 anos aqui na sede do município |
| 74 | | com essa... eu percebi... eu consegui conviver com:: assistir |
| 75 | | melhor dizendo essa... essa evolução... ou seja... essa... esse |
| 76 | | crescimento do município... essa mistura que cada ano que |
| 77 | | ia passando isso ia acontecendo cada vez mais... porque eu |
| 78 | | acho que pra gente chegar a compreender hoje tentar fazer |
| 79 | | esse esforço pra compreender essa cidade hoje...a gente |
| 80 | | precisa saber de tudo isso...de quem tá aqui hoje...... |

Na linha 75, Luís se posiciona como morador que viveu e presenciou as mudanças ocorridas. Apresenta, na narrativa, o sintagma nominal (SN) "essa evolução...", uma estratégia discursiva denominada parentização, que tem por característica a inserção, no segmento tópico, de informações de relevância sobre o ato verbal em curso. Segundo Jubran (2006a), essa relevância tópica promove avaliações e comentários laterais sobre o que está sendo dito, e/ou sobre como se diz, e / ou sobre a situação interativa e o evento traz para dentro do texto explicitações sobre a situação enunciativa que tem implicações sobre a significação dos enunciados tópicos vizinhos. Luís define referencialmente o que é assistir às modificações ocorridas no município, cuja função de especificação, além de trazer um maior refinamento da categorização, nomeia o referente e lhe confere relevância, permitindo que o narrador introduza elementos avaliadores à sua fala, contribuindo para uma orientação argumentativa do discurso.

As retomadas na narrativa que contribuem para a coesão e, também, para a progressão do texto, são em geral asseguradas por um conjunto de dispositivos linguísticos intimamente ligados não só ao aspecto da continuidade-conservação do sentido, mas também ao da dinâmica textual. Esse é um mecanismo anafórico e se caracteriza como uma expressão referencial que pode ser sempre substituída por uma outra expressão, desde que esta última identifique, designe, evoque ou convoque o referente antecedente. Na linha 76 "esse crescimento" e "essa mistura" caracterizam uma retomada do referente "evolução" evidenciando uma anáfora para recategorizá-lo e especificá-lo. A propriedade de retomar permite a continuidade de um núcleo referencial com a forma nominal "tudo isso" que encapsula, sumariza um único rótulo para todos os referentes enunciados anteriormente. Luís menciona que Balsas é uma "mistura" de tantas pessoas vindas de diversos lugares e para entender esse processo, caracterizado pelo dêitico "hoje", é preciso conhecer como aconteceu essa sequência de fatos ocorridos no decorrer do tempo para assim entender o presente.

Na linha 78, quando Luís aciona a primeira pessoa, faz uma analogia entre a sua evolução pessoal e o progresso, ocorrendo uma recategorização em que vai analisando o avanço da cidade. Isso fica expresso no trecho "... porque eu acho que pra gente chegar a compreender hoje... tentar fazer esse esforço pra compreender essa cidade hoje... a gente precisar saber de tudo isso...". O *eu* expresso por Luís faz com que se privilegie e valorize a história individual, mas também o processo do outro como elemento de fundamental importância para uma elucidação ou até uma redefinição da identidade individual e coletiva da cultura em que se encontra inserido. A anáfora encapsuladora representada pelo dêitico "isso" caracteriza uma relação de implicação que envolve as pessoas para conhecer os processos históricos e de mudanças sociais e culturais, levando-as a refletir sobre a construção e as mudanças ocorridas na sociedade.

Percebemos, a partir do excerto de Luís, que a análise conversacional vai se construindo na interação e que tais dimensões podem ser compreendidas de maneira que as categorias são selecionadas, transformadas, turno a turno, a partir das posições ocupadas na interação. As categorias discursivas representam um dispositivo dinâmico e coerente no contexto social e situacional em que os membros estão inseridos. Os dispositivos linguísticos utilizados na narrativa de Luís convergem para um todo coerente que são as transformações ocorridas em decorrências da chegada de tantas pessoas à região e, como afirma Luís, só podem ser entendidas na compreensão de todo esse processo.

**Excerto 25**

| 82 | Luís | de onde e o porquê que veio... eu lembro muito bem que Balsas era |
|----|------|---|
| 83 |  | pequeninha e a gente já morava aqui... sofreu um impacto muito |
| 84 |  | grande com pessoas que vieram de fora na construção dessa BR |
| 85 |  | 230... que ela foi iniciada no Estreito... passando por Carolina e |
| 86 |  | passava aqui e ia até Floriano... na verdade essa BR 230... o impacto |
| 87 |  | foi pelo exército que construiu essa estrada... então era mui::ta |
| 88 |  | gente... acho que tinha mais gente que a população da cidade... e |
| 89 |  | essa estadia |
| 94 |  | [...] |
| 95 |  | foi o primeiro impacto que houve... depois houve também um outro |
| 96 |  | que eu acho que foi antes desse... da construção da estrada pelo |
| 97 |  | exército... foi a presença da Petrobrás em Balsas... eles estiveram |
| 98 |  | em Balsas... existiam aviões enormes... em grandes quantidades... |
| 99 |  | era um número muito grande também de homens que estiveram |
| 100 |  | presentes aqui no Sul do Maranhão... sobretudo em Balsas... fazendo |
| 101 |  | pesquisas sobre essas fontes energéticas... onde era que de repente |
| 102 |  | poderia haver gás... óleo... petróleo enfim... |

No decorrer da entrevista, as narrativas abrem-se para as histórias ocorridas e centram-se nos impactos sofridos com a presença das pessoas vindas de outras regiões. O primeiro impacto sofrido pelas pessoas que viviam em Balsas foi a presença da Petrobrás, que fazia pesquisas sobre fontes energéticas para encontrar gás ou petróleo. Na linha 97, no excerto 25, Luís apresenta essas modificações ocorridas na região: "eles estiveram em Balsas, existiam aviões enormes, em grandes quantidades, era um número muito grande também de homens que estiveram presentes aqui no Sul do Maranhão". A utilização do referente "muito grande" expressa a tamanha repercussão deixada pelo acontecimento aos moradores e o estranhamento das pessoas com as demarcações que a Petrobrás fez em suas terras, demonstrando o desconhecimento sobre o que estava acontecendo ali.

Quando Luís utiliza, na linha 87-88, a expressão nominal "mui::ta gente... acho que tinha mais gente que a população da cidade..." há uma categorização em que as pessoas que vieram de fora são denominadas "essa gente", "eles", "pessoas deles", "outros", demonstrando um posicionamento que se dá a partir dos recursos discursivos para se referir ao outro no sentido de mostrar uma forma de inclusão/exclusão entre quem é de fora ou quem nasceu em Balsas. O processo anafórico empreendido pelos referentes "mui::ta gente" e "mais gente" busca informações cotextuais para dar ênfase aos elementos lexicais, visto que a repetição correferencial pode proporcionar clareza em relação às informações dos referentes.

**Excerto 26**

| 104 | Luís | é... tinha... tinha... onde meu pai tinha uma roça nós |
| 105 | | encontramos um negócio... parece coisa de cinema...um |
| 106 | | negócio muito grande...de ferro como se fosse uma tampa... |
| 107 | | mas nós não podíamos nem tocar naquilo... a gente era |
| 108 | | criança... então isso existe ainda com certeza... isso está |
| 109 | | nos registros deles né... desse povo... então eu lembro que |

Ainda se referindo à presença da Petrobrás na região, o narrador utiliza o referente na linha 105 "um negócio", para exprimir a curiosidade dos moradores que não conheciam o que era aquele "poço" com uma tampa de ferro cavado em suas terras. Quando Luís retoma na linha 107 "mas nós não podíamos nem tocar naquilo", reforça a ideia de que as pessoas ouviam de que não poderiam chegar perto porque era perigoso. Essa informação revela a relação entre o referente "um negócio" com o dado acrescentado "não podíamos nem tocar". Essa retomada do referente serve para marcar o contraste entre eu/esse povo. Ao enfatizar a noção de "outro" o narrador ressalta a diferença como base na vida social e reafirma o que faz parte de si mesmo e o que faz parte do mundo externo, quase sempre como fonte permanente de tensão e conflito. Esse processo de diferenciação é parte também da construção da identidade, que se molda a partir da distinção entre "o que eu sou" e "o que eu não sou" impossibilitando a existência do eu-individual sem o conflito com o diferente, o estranho, o outro.

A narrativa de Luís, no excerto 27, mostra a sequência temporal e lógica que estabelece uma coerência entre experiências passadas.

**Excerto 27**

| | | |
|---|---|---|
| 110 | Luís | o primeiro impacto foi esse... o segundo foi esse da |
| 111 | | construção da estrada e mais na frente você vê... que aí sim |
| 112 | | que nós estamos mais na atualidade... foi esse influência... |
| 113 | | que foi essa chegada do pessoal do Sul... dos sulistas porque |
| 114 | | isso foi a abertura de uma fronteira agrícola que houve... aí |
| 115 | | esse que foi o impacto maior porque movimentou... mexeu |
| 116 | | diretamente com a economia da cidade e mexeu com o |
| 117 | | sentido de mudar a economia da cidade e mudar relações |
| 118 | | porque foram... é:: não eram poucas pessoas... foram muitas |
| 119 | | famílias que vieram que ainda hoje chegam... mas houve |
| 120 | | um período que foi muito grande a chegada desse povo... |
| 121 | | a presença... com formas de pensar diferente... formas de |
| 122 | | agir... a economia diferente... culturas diferentes... então |
| 123 | | isso foi outro impacto muito grande que:: Balsas sentiu e:: |
| 124 | | hoje como a agricultura é algo que movimenta o mundo... |
| 125 | | é:: Balsas ainda continua nesse processo... essa questão |
| 126 | | da evolução da agricultura aqui... da ocupação dessas |
| 127 | | terras do Sul do Maranhão pela agricultura moderna... |
| 128 | | mais modernizada... esse é um processo que continua... |
| 129 | | não passou... e a gente não sabe nem até quando isso |
| 130 | | continua... cada dia chega uma pessoa diferente... chegam |
| 131 | | novas tecnologias... foi com certeza o impacto maior que deu |
| 132 | | esse... que houve esse impacto com a cultura local... pela |
| 133 | | forma... que é uma forma de trabalho... um relacionamento |
| 134 | | de trabalho e também de relacionamento com o ser humano |
| 135 | | com a própria natureza do local... então eu acho que tudo |
| 136 | | isso tem nos construído... tem contribuído pra formação... |
| 137 | | para que a pessoa do Sul do Maranhão totalmente... seja |
| 138 | | totalmente... é::: seja muito diferente do povo do Maranhão... |
| 139 | | do povo do Norte do estado do Maranhão.... |

    O início do excerto retoma o primeiro e segundo impacto para introduzir outro grande impacto ocorrido na cidade de Balsas, talvez o mais marcante, foi a intensa migração a partir da década de 70, intensificando-se nas décadas posteriores, quando famílias inicialmente oriundas do Rio Grande do Sul, depois de outros estados migraram para a região e começaram a explorar as chapadas balsenses, áreas até então consideradas improdutivas pela população local.

    Em associação ao processo de ampliação da sojicultura, ocorreram significativas mudanças sociais, econômicas, políticas e ambientais. As migrações ocorreram devido ao incentivo de Programas do Governo para desenvolver a região e por vários motivos como busca de qualidade de vida e oportunidades de trabalho e educação. Nas linhas 119 a 122, Luís sintetiza através do discurso o maior impacto ocorrido: "ainda hoje chegam... mas... houve um período que foi muito grande a chegada desse povo... a presença... com formas de pensar diferente... formas de agir... a economia diferente... culturas diferentes...". Ao retomar o elemento "diferente", no decorrer do discurso, a utilização do recurso linguístico específico, como a repetição do referente, possibilita uma continuidade semântica constante para caracterizar a ênfase que o narrador atribui às mudanças ocorridas em virtude do movimento migratório.

Jubran (2006b) expressa que a repetição, como estratégia de construção textual, tem inúmeros papéis e funções na constituição de um texto, um deles é dar proeminência a determinados elementos. A repetição do adjetivo "diferente" intensifica o impacto ocorrido e explicita as consequências do processo de territorialização em que há uma sobreposição entre as pessoas que chegam com as pessoas da região que já ocupavam os espaços com suas tendências culturais, os hábitos, costumes e estilos de vida e que precisaram ser adaptados, mudados e transformados com a chegada dos migrantes, num processo de integração regional, moldando uma nova fronteira agrícola no Nordeste.

A utilização dos referentes "nós", "os outros", "esse povo" é uma forma de (re) construção identitária construída a partir de valores, crenças, estilos de vida, experiências e expectativas. Na narrativa destacada, é possível perceber que o narrador constrói relações de proximidade e distanciamento por meio das formas "nós" e "eles" estabelecendo valências positivas e negativas sobre os aspectos levantados. E é por meio da associação estabelecida entre os referentes acionados que o narrador se posiciona em relação ao outro, às vezes se identificando, às vezes se distanciando do objeto narrado. Esse fato proporciona o que chamamos de inclusão ou exclusão social ou, em outras palavras, posicionamentos sociais expressos pelo discurso que indica as relações sociais próximas ou distantes do binômio 'nós-outros. "Nós e "eles" podem ser habilidosamente acionados no discurso cumprindo funções de construir, redistribuir ou modificar valores sociais.

As histórias de vida contadas por Luís se relacionam com contextos sócio-históricos, ao mesmo tempo em que revelam experiências individuais específicas enraizadas na sua biografia. As entrevistas narrativas possibilitam não apenas reconstruir a biografia do entrevistado, mas compreender os contextos em que foram construídas e os fatores que produzem mudanças e motivam as ações dos informantes. Nas linhas 125-130 "Balsas ainda continua nesse processo... essa questão da evolução da agricultura aqui... da ocupação dessas terras do Sul do Maranhão pela agricultura moderna... mais modernizada... esse é um processo que continua... não passou... e::: a gente não sabe nem até quando isso continua...", percebemos a força dos referentes numa organização de sequência: "processo", "evolução", "ocupação", "agricultura", destacando uma linearidade que permite construir um encadeamento e um sentido no discurso narrativo. Luís refere-se à expansão da agricultura mecanizada, uma área formada pelas zonas de cerrado do Maranhão, Piauí, Tocantins e Bahia, grandes produtoras de soja, milho e algodão. Além dos produtores estabelecidos há mais tempo, em sua maioria gaúchos e paranaenses, somaram-se a eles recentemente uma leva de investidores estrangeiros e empresas do agronegócio.

Nas linhas 135-139 Luís evidencia o impacto sofrido pela cidade devido à diversidade de pessoas, culturas e forma de pensar distintas: "Então eu acho que tudo isso tem nos construído... tem contribuído pra formação para que a pessoa do Sul do Maranhão totalmente... seja totalmente... é seja muito diferente do povo do Maranhão... do povo do Norte do estado do Maranhão". A designação de territorialidade aqui constituída como grupo de pessoas que vivem no mesmo espaço, inicialmente é marcada pela expressão nominal "diferentes". Essas novas relações sociais, econômicas e culturais da pessoa são reafirmadas nas linhas 135-136 "tudo isso tem nos construído..." e na linha 137 "pessoa do Sul do Maranhão", em que a referencialidade de espaço sustenta as práticas culturais compartilhadas. Pouco a pouco, a delimitação do que é ser balsense cria significações em uma outra dimensão que identifica indivíduos e ações de um mesmo espaço, comprovado na linha 138-139 "muito diferente do povo do Maranhão... do povo do Norte do estado do Maranhão...". A narrativa de Luís reforça o conceito de Hall (2014, p. 104) de que "a identidade é um desses conceitos que operam 'sob rasura', no intervalo entre a inversão e a emergência: uma ideia que não pode ser pensada de forma antiga, mas sem a qual certas questões-chave não podem ser sequer pensadas".

O referente "pessoa do Sul do Maranhão" utilizado por Luís e recategorizado como "muito diferente", podemos dizer conforme as palavras de Hall (2014, p, 105) "é uma reconceptualização do sujeito. É preciso pensá-lo em sua nova posição – deslocada ou descentrada no interior do paradigma".

No excerto abaixo Vitória destaca, nesse contexto de mudanças e influências, o fluxo entre dois polos, uma lente alternativa para compreender a vida social em trânsito, em movimento ou nos entrelugares.

A CONSTRUÇÃO DE IDENTIDADES: (des)encontros no sul do Maranhão    127

**Excerto 28**

| 685 | Vitória | disso tá?... então voltando aqui ao homem... o homem é esse |
|---|---|---|
| 686 | | sujeito meio assim instável... mas com uma identidade sim |
| 687 | | é claro... tem uma identidade... uma cultura... já com essas |
| 688 | | múltiplas influências... um homem também já com uma visão de |
| 689 | | progresso... influenciado pela tecnologia... você vai hoje inclusive |
| 690 | | no campo as pessoas estão lá com seus celulares... no campo |
| 691 | | não é só na fazenda... na fazenda o celular é com internet... mas |
| 692 | | no campo mesmo as pessoas estão ali usando celular subindo |
| 693 | | em uma árvore... ou em um morro pra conectar... para pegar |
| 694 | | sinal... então... é um homem... digamos... toda uma influência |
| 695 | | de um período de modernidade... nós estamos em um período |
| 696 | | da chamada pós-modernidade... e esse balsense tem:: ele está |
| 697 | | inserido aí a mente... com a perspectiva mais das vezes (SI) o |
| 698 | | comércio a agricultura... então no geral ele tem essa visão aí de |
| 699 | | produzir... uma visão mercadológica... |

Woodward (2014), ao conceituar identidade e diferença, chama atenção para as mudanças ocorridas também nos níveis locais e pessoais. Os indivíduos vivem no interior de um grande número de instituições que constituem os chamados "campos sociais" tais como família, grupos de colegas, instituições e acrescentamos dois campos surgidos no discurso o urbano e o rural, ou o sertão e a cidade, cada um deles tendo um contexto, um espaço e lugar, bem como um conjunto de recursos simbólicos. Segundo Hall (20012, p. 39), "o processo de globalização em uma escala global atravessa fronteiras, integrando e conectando comunidades e organizações em novas combinações de espaço-tempo, tornando o mundo mais interconectado".

Quando Vitória, nas linhas 686-687, utiliza o referente "o homem é esse sujeito meio assim instável..." posiciona-o por meio do sintagma adjetival "instável" como um indivíduo em fluxo, em movimento, marcado pelos referentes que constituem uma cadeia referencial construída para caracterizar as mudanças ocorridas devido aos avanços tecnológicos e acrescenta: "múltiplas influências... um homem também já com uma visão de progresso... influenciado pela tecnologia...". Essa recategorização é retomada também por outros enunciados que definem o referente "homem".

A introdução de novas tecnologias em um ambiente "tradicional" causa diversos impactos, nem por isso as novas tecnologias destruíram os antigos ambientes que se modificam, recriando identidades e padrões culturais, como é próprio da dinâmica da história e da cultura.

Nas linhas 689-691, Vitória aborda a questão da chegada de tecnologia nas áreas rurais: "inclusive no campo as pessoas estão lá com seus celulares... com internet..." e acrescenta "nós estamos em um período da chamada pós-modernidade... e esse balsense tem:: ele está inserido aí". Neste sentido, modernidade e tradição servem para afirmar posições dentro de um campo discursivo, permitindo estabelecer a posição de sujeito que constrói uma identidade compartilhada com um outro o qual se opõe, desmistificando a construção de fronteiras entre grupos que se defrontam no espaço.

Os processos de territorialização e desterritorialização envolvem perdas e conquistas que exigem adaptação e recriação de espaços totalmente novos. No contexto analisado, novos para os migrantes que chegavam a um novo território e novos aos sertanejos, que em sua maioria migraram para a cidade ou tiveram que conviver com uma tecnologia e culturas diferentes em um transcurso de readaptação.

## Desenvolvimento e território geográfico: perspectivas positivas e negativas

Nesta seção as narrativas têm como foco a ênfase nos aspectos positivos e negativos que se intercalam diante das transformações do cenário territorial, social e cultural. Acentuam-se nos discursos o contraste entre os benefícios do desenvolvimento e as consequências socioambientais.

A construção de uma sociedade reflete territorialidades surgidas das relações sociais entre o homem/espaço/tempo. Essas territorialidades são construídas e reconstruídas num processo de identificação, por meio de ações, representações e discursos que materializam a história dos lugares e dos indivíduos. Os espaços se transformam pela força dos processos sociais, desencadeando temporalidades e vivências e consequentemente construindo identidades.

As transformações territoriais no Maranhão aconteceram de forma contrastante. Mesmo tendo uma localização geográfica estratégica e um potencial produtivo, as realidades regionais são díspares, ocorrendo um desenvolvimento ainda regionalizado. A região sul-maranhense teve uma colonização bastante diferente do litoral com o surgimento de fronteiras econômicas e a implantação de empreendimentos que geraram disputas de espaços, com distintas ocupações, tornando a multiplicação de conflitos inevitáveis.

A região foi marcada por diferentes processos de ocupação que marcaram as práticas e as relações sociais definindo exclusões e inclusões e o estranhamento entre ao menos dois grupos em oposição – nós e eles. Referindo-se aos povos que colonizaram e os que foram colonizados, Woodward (2014) afirma que eles respondem à diversidade do multiculturalismo por meio de uma busca renovada de certezas étnicas. Nas palavras do autor, "seja por meio de movimentos religiosos, seja por meio do exclusivismo cultural, alguns grupos têm reagido à sua marginalização pelo apelo a uma enérgica reafirmação de suas identidades de origem" (WOODWARD, 2014, p. 23). Esses grupos podem ser "as sociedades hospedeiras" ou grupos dominantes próprios dessas sociedades que também estão em busca de certezas para lidar com a fragmentação do presente e buscar um passado perdido. O passado e o presente exercem um importante papel que busca justificar a criação de novas e futuras identidades. Os atuais conflitos estão, com frequência, concentrados na fronteira, na qual a identidade é questionada e contestada.

Quando se fala sobre desenvolvimento e transformações territoriais, deparamo-nos diante de desafios que se apresentam, sobretudo, diante da difícil missão de conciliar crescimento econômico com preservação da biodiversidade, inclusão social e diversos fatores relacionados à cultura e costumes das pessoas. Woodward (2014, p. 25) acrescenta acerca dessas transformações que "as mudanças e transformações globais nas estruturas políticas e econômicas do mundo contemporâneo colocam em relevo as questões de identidade e as lutas pela afirmação e manutenção das identidades nacionais e étnicas".

Nessa perspectiva, Woodward e Hall (2014) postulam sobre a identidade e a diferença, afirmando que elas não são entidades preexistentes, elementos passivos da cultura, mas têm que ser constantemente criadas e recriadas. A identidade tem a ver com a atribuição de sentido ao mundo social e com disputa e luta em torno dessa atribuição.

Hall (2014), referindo-se à forma de marcar a diferença, sustenta a teoria das oposições binárias. A diferença pode ser construída negativamente, por meio da exclusão ou da marginalização daquelas pessoas que são definidas como "outros" ou "forasteiros". Por outro lado, ela pode ser celebrada como fonte de diversidade, heterogeneidade e hibridismo sendo vista como enriquecedora. Já Woodward (2014) afirma que acontecem os dualismos pelos quais a diferença se expressa em termos de oposições que estabelecem fronteiras simbólicas e a marcação da diferença é a base da cultura porque as coisas e as pessoas ganham sentido por meio da atribuição de diferentes posições em um sistema classificatório. Dessa forma, as posições que assumimos e com as quais nos identificamos constituem nossas identidades.

O excerto a seguir, além de marcar a diferença, ilustra a forma de abordar o participante da pesquisa sem perguntas estruturadas, tendo o pesquisador conhecimento prévio dos objetivos que pretende alcançar, permitindo que a entrevista flua pela ordem do discurso do entrevistado com naturalidade, sem criar imposições tanto ao pesquisador como ao próprio participante da pesquisa.

A pergunta do excerto 29, nas linhas 177-178, aponta para um foco, o que limita o narrador a responder dentro de um campo associativo bastante definido e previamente delimitado pelo próprio pesquisador. Luís responde à pergunta apontando os dois lados: os aspectos positivos e os negativos do impacto ocorrido com a migração. O primeiro apontado foi a mudança que ocorreu na educação. Os depoimentos do narrador veiculam um saber sócio--histórico-cognitivo sobre os acontecimentos vivenciados e/ou experimentados sobre o passado histórico e, que ainda estão presentes na memória discursiva (e social) do participante pesquisado.

**Excerto 29**

| 177 | Marta | como você vê essa questão do impacto... ela foi mais positiva ou |
| 178 | | ela foi mais negativa... como é que você vê isso? |
| 179 | Luís | eu acho é... ela tem dois... duas vertentes... dois olhares... eu olho |
| 180 | | pra esse impacto aí... essa presença do:: é:: do pessoal de fora |
| 181 | | que chegaram em torno do agronegócio... os dois::: o positivo |
| 182 | | é que você... se você for olhar como vivia a população antes |
| 183 | | era uma outra coisa... não existia trabalho... quer dizer trabalho |
| 184 | | sim... mas não existia emprego como toda essa chegada que o |
| 185 | | agronegócio proporcionou... entendeu? e consequentemente isso |
| 186 | | impulsionou as autoridades... o próprio lugar a ir atrás de meios... |
| 187 | | de escolaridade que não existia praticamente quase nada... então |
| 188 | | toda essa relação de:: trabalho entre empregado e empregador |
| 189 | | mudou muito... que era basicamente como um servo... entendeu? |
| 190 | | eu lembro que houve conflito... |
| 191 | | [...] |
| 205 | | ... nesse sentido houve essa contribuição... houve a contribuição |
| 206 | | com a mudança de mentalidade das pessoas locais... então nesse |
| 207 | | aspecto... tem o outro que eu acho que |

    Em relação aos pontos de vista externados acerca das modificações ocorridas em detrimento do processo migratório ocorrido na região, observa-se que vão do positivo ao negativo, e, por vezes, mesclam os dois. Quando Marta pergunta a Luís sobre os impactos ocorridos com a chegada das pessoas "de fora", Luís caracteriza o impacto por meio de cadeias referenciais anafóricas na linha 179 "duas vertentes... dois olhares...", facilmente identificáveis pela relação direta que uma tem com a outra.

    Segundo Cavalcante *et al.* (2011), o fenômeno da referenciação não se limita somente à retomada dos elementos linguísticos explicitados no contexto, mas está condicionado a regras sociais de cada comunidade. Luís, na sua construção, apresenta uma informação específica fornecida no contexto linguístico que foi a relação de trabalho, em que as pessoas recebiam salários irrisórios que não condiziam com o restante do país, desde professor a diaristas e assalariados "essa relação de:: trabalho entre empregado e empregador", o que abala as relações de trabalho existentes na região é caracterizado positivamente na linha 205 "nesse sentido houve essa contribuição...".

Luís, no excerto 30, posiciona-se negativamente frente às diferenças contrastantes e às formas de relacionamentos que se desdobraram a partir da chegada dos migrantes.

**Excerto 30**

| 208 | Luís | mais negativo que é essa forma de ser... esse ar de ser |
| --- | --- | --- |
| 209 | | colonizador... entendeu? que não eram só os que já |
| 210 | | moravam aqui... quem veio de fora é como se chegasse |
| 211 | | numa aldeia de índio e chega nesse ar de colonizador que |
| 212 | | vem com uma nova forma... um novo jeito... "que esse |
| 213 | | povo aqui não sabe fazer nada e assim que tem que ser a |
| 214 | | coisa"... então houve muito...mas muito isso... e aliás ainda |
| 215 | | é hoje existe isso entendeu? e alguns relacionamentos |
| 216 | | a gente percebe o ar de colonizador de chegar e querer |
| 217 | | colonizar... querer mostrar o que... como algumas pessoas |
| 218 | | dizem o... o nativo não sabe de nada... vamos implantar... |
| 219 | | essa coisa do jeito de ser colonizador... isso é muito... isto |
| 220 | | também é muito do europeu... |

Na linha 208-209, "eu acho que é mais negativo que é essa forma de ser... esse ar de ser colonizador...", Luís aciona o referente anafórico "colonizador" em um processo de rotulação por meio de novas predicações atributivas que delineiam a imagem daquele que é enviado para colonizar, habitar determinado lugar ou região. Luís reporta-se a colonizador quando nas linhas 210-211 refere-se a "quem veio de fora é como se chegasse numa aldeia de índio", fazendo uma relação própria do colonizador que acha que as pessoas não sabem fazer nada, reproduzindo a ideia equivocada de que as culturas indígenas eram atrasadas e primitivas. Nas linha 216-218, "querer colonizar... querer mostrar o que... como algumas pessoas dizem o... o nativo não sabe de nada..." ao utilizar o referente "nativo", Luís aciona uma estratégia discursiva em que o objeto de discurso designado pela descrição foi caracterizado para indicar aquilo em que consiste verdadeiramente este objeto. Para os balsenses, "nativo" remete a índio, uma expressão rotuladora que se reporta a uma interpretação ancorada no contexto. Os balsenses não aprovam ser rotulados de nativos, mas, sim, de homens naturais do lugar, sertanejos, que remete a ser forte, guerreiro e integralmente associado a terra.

Segundo Hall (2014) a identificação é construída a partir do reconhecimento de alguma origem comum, ou de características que são compartilhadas com outros grupos ou pessoas, ou ainda, a partir de um mesmo ideal. Para o autor, "as identidades são construídas por meio da diferença e não fora dela" (HALL, 2014, p. 110).

Conforme os estudos teóricos apresentados no primeiro capítulo desta obra, as migrações sempre existiram, pois, os homens historicamente sempre se deslocaram. Em cada época da história, contudo, elas são diferentes nas causas que as motivam, nas modalidades dos deslocamentos, nas implicações, no significado que lhes atribuem e nas consequências tanto entre quem se desloca quanto entre aqueles que os acolhem.

Nesse contexto de desenvolvimento, o excerto a seguir retrata o grande aspecto negativo frente ao desenvolvimento ocorrido com a migração que foi a causa ambiental.

**Excerto 31**

| 306 | Luís | eu acho... eu tenho certeza... que:: não é primeiro só o |
| 307 | | pessoal da agricultura do Sul que agride o meio ambiente... |
| 308 | | mas é a espécie humana mesmo... perversa... gananciosa... |
| 309 | | entendeu? como é que pode um ser humano usar... eu estava |
| 310 | | assistindo uma reportagem um dia desses em que um cidadão |
| 311 | | sozinho tem 70 mil hectares de terra plantada nessa região |
| 312 | | entre esses três estados... primeiro eu acho que deveria ter... |
| 313 | | já que uma figura dessas ele não tem essa capacidade de |
| 314 | | dizer assim... "cara eu acho 5 mil hectares de bom tamanho"... |
| 315 | | eu acho que o próprio país deveria se proteger isso... você |
| 316 | | não pode ter mais que isso... entendeu? uma forma de você |
| 317 | | estabelecer limites de:: até pra dividir mais os bens entre |
| 318 | | as populações... porque uma pessoa que aqui sozinho ele |
| 319 | | desmatou e tem plantado numa área só 30 mil hectares... sem |
| 320 | | deixar uma árvore... em pé no meio desses 30 mil hectares... |
| 321 | | e ali existia toda tipo de vida vegetal daqui da região do |
| 322 | | cerrado e animal... como ema... seriemas... pacas... tatus... |
| 323 | | e bilhões de seres vivos... espécies que existem ali... quando |
| 324 | | tu desmata esses 30 mil... ali naquele lugar não tem mais |
| 325 | | vida nenhuma... não tem mais vida nenhuma... aí ainda há |
| 326 | | um discurso de colonizador... "não:: nós estamos é ajudando |
| 327 | | a preservar::" e tudo mais... então esses são discursos de |
| 328 | | pessoas que querem acalentar que quer colonizar... que pedir |
| 329 | | pra você ficar na sua e deixar ele continuar... só que os loucos |
| 330 | | e gananciosos se você deixar eles acabam com tudo... então |
| 331 | | isso aqui houve... esse tipo de agressão... tá havendo... tá |
| 332 | | continuando... |

Segundo Miranda (2011), quando o Cerrado e a Amazônia constituíram--se como áreas estratégicas para atividades agropecuárias e de mineração, orientadas por projetos territoriais que procuravam povoar, modernizar e desenvolver a região, confrontaram-se com a população nativa que procurava assegurar o acesso a terra, à melhoria de suas condições socioeconômicas e a exercer o controle da base de recursos naturais, gerando conflitos pela apropriação desses recursos. As novas áreas consideradas agricultáveis eram habitadas e os interesses entre os grupos sociais e os projetos territoriais eram distintos, cada um tentando legitimar seus interesses. Essas relações produziram um processo de territorialização que "[...] estruturam, desestruturam e reestruturam práticas produtivas e socioambientais numa dada figuração social" (MIRANDA, 2011, p. 22) que foram fundamentais para a análise dos conflitos e processos de mudança ambiental.

Luís, em sua narrativa, diante das consequências ambientais causadas pelo crescimento do agronegócio, deixa clara sua posição frente às questões irreparáveis ao ecossistema nas linhas 309-312: "Como é que pode um ser humano usar... eu estava assistindo uma reportagem um dia desses em que um cidadão sozinho tem 70 mil hectares de terra plantada nessa região entre esses três estados...".

A narrativa de Luís expressa a preocupação com o meio ambiente, com a preservação dos recursos naturais. Uma das maiores riquezas dos maranhenses é o rio Balsas, o maior afluente do rio Parnaíba e já foi a principal rota de entrada e saída de produtos do estado. Há uma luta intensa para preservar o rio que ainda exibe suas águas cristalinas e representa grande importância para o turismo regional com as tradicionais descidas de boias improvisadas e os passeios de caiaque pelas águas límpidas e frias deste patrimônio natural do Sul do Maranhão.

Bamberg (2012) explica que ao narrar os sujeitos apontam de forma indexada suas posições e como querem ser entendidos. Essas posições são situacionais, e elas podem mudar de uma configuração interacional para a outra, mas são constitutivas de práticas e repertórios sociais. A narrativa é um evento de coconstrução da vida social e isso é demonstrado no discurso quando Luís posiciona seu status no lugar do "outro" nas linhas 313-314: "já que uma figura dessas ele não tem essa capacidade de dizer assim... "cara eu acho 5 mil hectares de bom tamanho::".

Quando Luís fala nas linhas 325-327: "... aí ainda há um discurso de colonizador... não::... nós estamos é ajudando a preservar::". Ao retomar o rótulo "colonizador", há uma recategorização do objeto que anteriormente "agia" como colonizador, agora "fala" como colonizador levando a uma reinterpretação daquilo que precede, desempenhando um papel relevante no encadeamento discursivo. Segundo Pinheiro (2015), a produção da identidade acontece a partir da falta primária vivenciada pelo indivíduo, quando percebe o "outro" como ser separado, diferente de si. Ainda Pinheiro (2015, p. 26) afirma: "Então, no momento que se dá a primeira apreensão subjetiva, inicia-se a busca da unidade, que, por sua vez, necessita de algo fora de si para consolidar-se a diferença". Assim começa a busca de unidade em relação ao outro, efetivado pelos sistemas culturais e simbólicos que nos constituem.

**Excerto 32**

| | | |
|---|---|---|
| 333 | Luís | houve outros agressores pra você ter uma ideia... se |
| 334 | | compravam uma terra... do povo daqui... como a gente |
| 335 | | estava falando agora... sobre costumes né... o que |
| 336 | | era o costume das pessoas daqui? moram ali na roça |
| 337 | | e do lado tinha o cemitério local... da vizinhança... do |
| 338 | | pessoal... entendeu? quando eles compraram... muitos dos |
| 339 | | agricultores compraram uma área de terra e os moradores |
| 340 | | iam embora... mas eles ficavam com aquela ligação ali... |
| 341 | | a ligação com seus mortos... com seu povo que estava |
| 342 | | sepultado naquele cemitério... mas não se respeitava isso.. |
| 343 | | isso foi um conflito também no começo sabia? passaram |
| 344 | | as máquinas por cima e derrubavam tudo... isso também é |
| 345 | | atitude do colonizador... que derruba a casa onde a pessoa |
| 346 | | foi é... é... invadida... colonizada... aqui é diferente que é |
| 347 | | comprada... mas era:: era eu acho que seria interessante |
| 347 | | respeitar isso... houve muitos conflitos nesse:: contato... |

Na linha 333, a referenciação processada discursivamente por Luís reporta-se a um mecanismo de prospecção, sendo a atividade anafórica representada pelo elemento "agressores", possibilitando uma recategorização do referente "colonizador" já estabelecido no discurso para legitimar as relações de dominação e conquista. Quando Luís aciona o referente "costume" de enterrar seus mortos na terra e ficar com uma ligação com seu povo que estava sepultado aí, na linha 342: "...mas não se respeitavam isso... Passaram as máquinas por cima e derrubavam tudo... isso também é atitude do colonizador..." deixa explícito os conflitos ocasionados em decorrência do pertencimento ao espaço de origem.

Da mesma forma que Luís, Vitória, em sua narrativa, evidencia as modificações ocorridas com o desenvolvimento do agronegócio e as consequências negativas quanto ao uso e degradação do meio ambiente em decorrência da implantação de grandes áreas produtoras de soja.

A CONSTRUÇÃO DE IDENTIDADES: (des)encontros no sul do Maranhão                                                                 135

**Excerto 33**

| 302 | Vitória | bom... isso tem consequências positivas e consequências |
| --- | --- | --- |
| 303 | | negativas.. (SI) estou falando do meu ponto de vista ecológico e |
| 304 | | da ecolinguística... consequências positivas... a cidade começa |
| 305 | | aos poucos ter uma movimentação... a sair um pouco daquele |
| 306 | | marasmo a mesma rua... a mesma praça... o mesmo banco... as |
| 307 | | mesmas pessoas... isso vai mudando um pouquinho né... pessoas |
| 308 | | diferentes... o progresso vai trazer esse movimento... a cidade se |
| 309 | | aquece... começa a inchar né... mas também ocorre o comércio... |
| 310 | | começa a se movimentar e expõe o benefício... muitas pessoas |
| 311 | | trabalhando... o campo se modifica... e você começa a perceber |
| 312 | | também a tecnologia no campo principalmente das pessoas que |
| 313 | | chegam... esses migrantes sulistas... mas isso também devagarinho |
| 314 | | vai se incorporando... vai sendo passado para algumas pessoas da |
| 315 | | cidade... então esse é o aspecto positivo... o aumento da cidade... |
| 316 | | o comércio (SI) |

Os referentes em contraste nas linhas 302-303 "consequências positivas e consequências negativas..." revelam os processos de significação a que estão expostos a construção da referência, organização discursiva e combinação de fatores sociocognitivos e linguísticos na construção do sentido do tópico compreendido como um traço das consequências da modernidade sobre a identidade dos indivíduos. Ao assumir a posição de sujeito "estou falando do meu ponto de vista", a narradora ao utilizar os marcadores discursivos de primeira pessoa assume o seu lugar como sujeito sócio-historicamente constituído a partir do discurso que assume como seu.

É por meio do referente "consequências" que Vitória evoca uma cadeia anafórica de relações positivas que são retomadas "movimentação... progresso... comércio... tecnologia...". As consequências positivas trazidas pelo progresso são reafirmadas por Vitória pontualmente quando na linha 313-315 complementa, "mas isso também devagarinho vai se incorporando... vai sendo passado para algumas pessoas da cidade..." em um movimento de confluências e misturas.

Os espaços marcados por processos migratórios acarretam mudanças no modo de vida, tanto das pessoas que migraram, quanto das que já se encontravam no local. Essas mudanças ocorrem no nível do trabalho, da inserção comunitária, na transformação do ambiente e no acesso a bens materiais e simbólicos, como afirma Signorini (2006, p. 109), "tais mudanças refletem-se, sem dúvida, sobre os processos relativos à identidade social". A autora argumenta que se faz necessário considerar que essas mudanças são um processo dinâmico de transformação (destruição/recriação) tanto do modo de vida e das relações com o espaço, quanto dos referenciais simbólicos (as representações de identidade) que marcam a experiência social.

Consideramos que, ao narrar-se, o narrador constrói sua identidade pela relação que estabelece com outros indivíduos e pela natureza social da sua atuação, que, inevitavelmente, funda-se em saberes, crenças e valores. Se eles remetem a um já-dito cristalizado (sob a forma de estereótipos verbais, por exemplo), eles também atualizam o dizer e revitalizam os conhecimentos que são mobilizados (DIAS, 2016).

Assim como o aspecto da experiência positiva, um aspecto da experiência negativa narrada por Vitória pode ser observado em outros excertos da entrevista:

**Excerto 34**

| 328 | Vitória | divisão que há diferenças aí... bom o aspecto negativo... esse eu |
|---|---|---|
| 329 | | ressalto que é o meu ponto de vista ecológico... é porque muita coisa |
| 330 | | foi sendo em desrespeito a nossa vegetação... foi sendo devastada... |
| 331 | | com as novas roças... o nosso sistema... o nosso bioma... os nossos |
| 332 | | rios... os nossos riachos estão... |
| 338 | | [...] |
| 339 | | inseticidas... desses insumos agrícolas... então tudo isso impacta o |
| 340 | | nosso ecossistema... então o preço que pagamos pelo progresso |
| 341 | | é alto... é muito alto... se você perguntasse se gostaríamos de ter |
| 342 | | permanecido... como estava ou gostaria que tivesse havido essa |
| 343 | | mudança... eu acho que a mudança deveria ter ocorrido e é muito |
| 344 | | saudável... interessante e bonito de se ver... tudo o que aconteceu... |
| 345 | | mas poderia ter sido melhor pensado no que diz respeito ao nosso |
| 346 | | ecossistema... no que diz respeito ao meio ambiente... é porque acho |
| 347 | | que não vale tudo em nome do progresso não...tem que se pensar... |

O aspecto inverso em relação às mudanças ocorridas na região é apresentado por Vitória por meio do objeto discursivo "negativo" e retomado pelo elemento anafórico "esse" para ressaltar o ponto de vista desfavorável da narradora em relação ao meio ambiente. Esses objetos discursivos vão sendo modificados, reativados, recategorizados, de modo a construir ou reconstruir o sentido no curso da progressão textual. Ao utilizar a expressão nominal "meu ponto de vista", a narradora ativa no discurso um processo referencial de repetição do pronome de primeira pessoa do plural "...nossa vegetação... o nosso sistema... o nosso bioma... os nossos rios... os nossos riachos..." e contribui para a formação de uma cadeia discursiva fortalecendo a intensificação de pertencimento da narradora em relação ao lugar.

Na retomada do turno, Vitória utiliza o marcador discursivo "então" como elemento de expressão da dinâmica interacional. Nas linhas 339-340 "tudo isso impacta o nosso ecossistema...", o objeto discursivo "tudo isso" assume uma particularidade própria das nominalizações que sumarizam as informações contidas em segmentos precedentes do discurso, encapsulando-as em forma de uma expressão nominal (KOCH, 2014). A seguir, ao utilizar o referente "impacta o nosso ecossistema...", a narradora recorre ao encapsulamento anafórico, um fenômeno linguístico que se dá no âmbito textual, quando o escritor produz uma introdução de novo referente no texto, proporcionando a ativação de uma informação ancorada sempre no antecedente ou sempre que um novo objeto de discurso é introduzido no texto. Ao utilizar o referente "impacta", Vitória sumariza o sentido do referente utilizando uma associação com elementos já presentes no contexto interacional.

Nas linhas 341-342 "se você perguntasse se gostaríamos de ter permanecido..." Vitória faz uma suposição e traz a voz da interlocutora que passa a integrar a situação de interação na produção do discurso. E nessa relação de falas da narrativa, o posicionamento de Vitória é que o desenvolvimento deveria ter ocorrido, mas de forma mais sustentável na linha 346-347 "é porque acho que não vale tudo em nome do progresso não...tem que se pensar...". Essa construção narrativa aborda questões sobre como os narradores percebem e discutem vários aspectos constituidores da sociedade, qual a visão acerca do processo migratório na constituição social.

Os dois excertos abaixo de Maria e Gabriel integram um contexto de vida de participantes mais jovens, nascidos depois de 1980, desencadeando a construção de realidades mais positivas que refletem a adaptação a aspectos do processo de miscigenação e da diversidade cultural.

**Excerto 35**

| | | |
|---|---|---|
| 144 | Maria | não.. assim... até hoje quando nós passamos a minha mãe |
| 145 | | mostra terras... as vezes comenta assim que os meus avós |
| 146 | | não souberam... vamos dizer assim... não souberam dar |
| 147 | | continuidade... então por isso venderam... que a forma |
| 148 | | como é aproveitada... mas assim pelo menos pra mim |
| 149 | | não é passado como algo negativo não... assim... não |
| 150 | | em relação aos outros... mas em relação a nossa família |
| 151 | | mesmo poderia ter feito... poderia ter dado continuidade... |
| 152 | | olha o quanto vale hoje...então pensando até assim... |
| 153 | | inclusive até nessas terras que...que os meus avós... |
| 154 | | bisavós até venderam... é...alguns deles são enterrados |
| 155 | | na terra... então nós... muito... sei... que quando é finados... |
| 156 | | nesse período assim de visitar o túmulo... mesmo tendo |
| 157 | | a plantação toda ao redor... mesmo assim... no meio da |
| 158 | | lavoura tem lá um pequeno cemitério... que na época |
| 159 | | as pessoas eram enterradas na terra mesmo né... na |
| 160 | | propriedade... e a gente volta sempre lá... |

No excerto 35 podemos observar que Maria, em sua narrativa, utiliza os objetos discursivos em uma sequencialidade semântica nas linhas 145 a 149: "terras", "avós", "não souberam dar continuidade", "venderam", "para mim não é passado como algo negativo". Maria não era nascida na época em que seus avós venderam as terras. À vista disso não atribui uma configuração negativa ao fato de a família não ser mais a proprietária das terras, mas retoma a ligação de pertencimento quando aciona os referentes "avós...bisavós" categorizados pelo recurso anafórico "alguns deles" foram enterrados naquele local visitado pela família, mesmo localizando-se no meio de uma lavoura.

A narrativa de Gabriel apresenta aspectos positivos em relação ao desenvolvimento e às transformações ocorridas na cidade em decorrência de um conhecimento mais técnico, pois é um agente de pesquisa e mapeamento de dados.

**Excerto 36**

| 322 | Gabriel | cidade de Balsas junto a esses dados... ela é uma cidade |
|---|---|---|
| 323 | | geograficamente isolada de outras cidades... porque nós |
| 324 | | estamos distantes das cidades grandes... de qualquer cidade |
| 325 | | grande nós estamos muito distantes... no entanto... somos uma |
| 326 | | cidade em constante crescimento... em constante movimento... |
| 327 | | nós temos vários polos educacionais... nós temos grandes |
| 328 | | regionais aqui... nós temos então uma cidade em grande |
| 329 | | desenvolvimento... e isso... ah... se deve muito a questão da |
| 330 | | migração... porque a partir do momento em que nós temos |
| 331 | | a chegada de muitas pessoas e essas pessoas impulsionam |
| 332 | | a população... o tamanho da população... faz com que essa |
| 333 | | população cresça... e então... eu digo isso com... |

Nas linhas 325-326 "somos uma cidade em constante crescimento..." Gabriel se apresenta como um indivíduo pertencente à comunidade, colocando-se no centro do desenvolvimento ao ressignificar o referente com o acréscimo anafórico "em constante movimento...". Retomando o conceito de Gee (2001) sobre identidade, ao utilizar o objeto discursivo "somos uma cidade", Gabriel se reconhece como um certo "tipo de pessoa", em um determinado contexto. Dentre os aspectos positivos, em uma cadeia referencial, Gabriel utiliza os sintagmas "nós temos vários polos educacionais... nós temos grandes regionais aqui... nós temos então uma cidade em grande desenvolvimento...". O narrador determina os referentes acentuando os dêiticos pronominais "nós" em um processo de construção de identidades sociais, mediado pelo discurso.

As relações de identidade e diferença ordenam-se em torno de oposições e estão diretamente relacionadas com as relações sociais e as relações de poder

(SILVA, 2014b). Essa afirmação traduz o desejo dos diferentes grupos sociais, assimetricamente situados de garantir o acesso privilegiado aos bens sociais.

Os dados deste capítulo apresentam um discurso marcado pelo hibridismo, pelas relações conflituosas entre diferentes grupos ligados a histórias de ocupação e colonização. Silva (2014b) considera hibridismo o intercurso, a mistura entre diferentes nacionalidades, etnias e raças que coloca em xeque aqueles processos que concebem as identidades como separadas, divididas. A hibridização prega a insolubilidade dos grupos que se reúnem sob diferentes identidades. A identidade que se forma por meio do hibridismo não é mais integralmente nenhuma das identidades originais, embora guarde traços delas.

O hibridismo está ligado aos movimentos demográficos que permitem o contato entre diferentes identidades que se dá pelo cruzamento de fronteiras, colocando em contato diferentes culturas que favorecem os processos de miscigenação.

Esse capítulo evidenciou discursos que ilustram as relações entre as realidades locais modificadas pelo processo de miscigenação ocorrido com os movimentos migratórios e uma ampla fragmentação das ideias de unidade e homogeneidade, colocando em tela e fazendo circular e dialogar por meio dos discursos as heterogeneidades culturais e identitárias.

## Ser balsense: o sentimento de pertencimento

A análise de construções narrativas nos possibilita tecer relações sociais e apresentar um narrador que exerce a sua cultura e cria identidades sociais por meio das narrativas que relata. Pertencer a um território envolve muito mais do que nascer e morar nele, envolve, acima de tudo, o estabelecimento de relações sociais e a construção de uma identidade regional. Da mesma forma que dominar o idioma e criar vínculos sociais não implica, necessariamente, a existência de um sentimento de pertencimento.

Esse sentimento envolve a construção de uma identidade cultural que abrange hábitos, crenças e tradições ligadas ao cotidiano. Penna (2006) explica que o sentimento de pertencimento surge justamente da articulação da união entre a identidade territorial e a identidade cultural. Em tempos mais recentes e com a globalização, novos componentes foram acrescentados e temos hoje a possibilidade de nos defrontarmos com culturas híbridas onde há um duplo sentimento de pertencimento, que pauta as relações individuais e coletivas e dá novos contornos à sociedade global (OJIMA; FUSCO, 2014).

Hall (20012, p. 52) complementa:

> Em toda parte, estão emergindo identidades culturais que não são fixas, mas que estão suspensas, em transição, entre diferentes posições; que

retiram seus recursos, ao mesmo tempo, de diferentes tradições culturais; e que são o produto desses complicados cruzamentos e misturas culturais que são cada vez mais comuns num mundo globalizado.

O autor acrescenta ainda que as pessoas que atravessam e intersectam as fronteiras naturais, que se dispersam de seus lugares de origem, retêm fortes vínculos com seu passado, com suas tradições, mas elas são obrigadas a negociar com as novas culturas em que vivem, sem serem assimiladas por elas, sem perderem suas identidades. E as pessoas que estão em seu lugar de origem também carregam sua cultura, seus vínculos, suas histórias particulares pelos quais foram marcadas. Hall (2014) explica que essas pessoas não são e nunca serão unificadas, porque elas são, irrevogavelmente, o produto de várias histórias e culturas interconectadas.

O autor também abre uma discussão acerca do conceito de "identificação" no que concerne à teoria social e cultural construída a partir do reconhecimento de alguma origem comum ou de características que são partilhadas com outros grupos ou pessoas a partir de um mesmo ideal. A partir dessa definição, a abordagem discursiva vê a identificação como uma construção, como um processo nunca completado, nunca completamente determinada. "Ela não anulará a diferença, mas uma fusão entre o "mesmo" e o "outro" (HALL, 2014, p. 106). Essa concepção não tem como referência aquele segmento do eu que permanece sempre o mesmo ao longo do tempo, ao contrário, essa concepção aceita que as identidades não são, nunca, singulares, mas multiplamente construídas ao longo do discurso.

O autor afirma, também, que os processos de migração livres ou forçados têm se tornado um fenômeno global e precisam vincular discussões sobre as origens que residiriam em um passado histórico com o qual continuariam a manter uma certa correspondência. As identidades, então, estariam relacionadas com a questão da utilização dos recursos da história, da linguagem e da cultura para a produção daquilo no qual nos tornamos. Esses caminhos percorridos são chamados pelo autor de "rotas" que são negociadas no discurso, surgem na narritivização do "eu" e nos conduzem a uma sensação de pertencimento por meio do qual as identidades emergem a partir de "como nós temos sido representados" e "como essa representação afeta a forma como podemos representar a nós próprios" (HALL, 2014, p. 109).

Nos excertos abaixo, a partir da análise das narrativas geradas que compõem o corpus desta pesquisa, abordaremos os aspectos discursivos que revelam o sentido de pertencimento do balsense frente a tantos outros indivíduos vindos de muitos lugares.

## Excerto 37

| 317 | Vitória | lado da chegada dos sulistas e isso por parte acho que os |
|---|---|---|
| 318 | | maranhenses também absorveram muito bem... você pode |
| 319 | | perceber que o comércio parte dos sulistas se desenvolveu na |
| 320 | | área agrícola e penso que os maranhenses também souberam |
| 321 | | fazer... eu acho que houve uma: interlocução muito grande no |
| 322 | | meu ponto de vista... então esse processo de marauchização |
| 323 | | (SI) com:: esses novos maraúchos aí... então acho que é um |
| 324 | | processo interessante que houve sintonia apesar de não ter sido |
| 325 | | uma sintonia perfeita e a gente sentir que há ainda uma certa |
| 326 | | divisão que há diferenças aí... bom o aspecto negativo... esse |

Em sua narrativa, Vitória utiliza uma estratégia de diferenciação e pertencimento entre os referentes "sulistas e maranhenses" que se opera na elaboração do discurso e se apresenta como "houve uma: interlocução muito grande". A partir desse enunciado, há uma categorização, e a introdução de referentes novos construídos no discurso que refletem o mundo real a partir da utilização dos objetos discursivos de rotulação "marauchização" e "maraúchos", em que as formas nominais representam como essa intermediação social é conhecida em Balsas, a mistura de maranhenses com gaúchos ou com qualquer indivíduo de outros estados.

Quando na linha 324 Vitória utiliza o sintagma "processo interessante", categoriza a mistura de maranhenses e gaúchos (ou outros) trazendo uma percepção positiva reforçada pelo sintagma adjetival "interessante" e complementada pela expressão anafórica "houve uma: interlocução muito grande" em que retoma outro termo numa relação direta de correferencialidade. Na sequencialidade narrativa Vitória sumariza o referente, por meio da expressão nominal "houve sintonia apesar de não ter sido uma sintonia perfeita...", e aciona a coconstrução de significados, possibilitando observar no discurso a existência de confrontos identitários, ao mesmo tempo em que possibilita processos de exposição a outras identidades, ocasionando uma recomposição de quem somos diante do outro (LOPES; BASTOS, 2002).

No excerto abaixo, durante a interação, a narrativa de Vitória estabelece os processos discursivos de pertencimento a diversas categorias identitárias.

**Excerto 38**

| 394 | Vitória | que diz respeito ao aspecto mental das pessoas eu acredito |
|---|---|---|
| 395 | | muito no sincretismo de culturas... de raças...como isso é |
| 396 | | salutar...essa convivência das diferenças... das diferentes |
| 397 | | origens... das diferenças de raças... então isso é muito saudável |
| 398 | | pra convivência dos sujeitos... eu acredito... agora nem sempre... |
| 399 | | é claro que a gente sabe que há divisões aos nichos... vamos |
| 400 | | dizer aqueles que chegam de uma determinada região... se |
| 401 | | situam em uma determinada localidade que às vezes ficam por |
| 402 | | ali e nem sempre esse intercâmbio acontece... digamos de uma |
| 403 | | forma tão ampla (SI)assim como alguns sertanejos continuam |
| 404 | | isolados ali no campo no seu nicho... no |

Ao utilizar o referente "sincretismo" na linha 395, a narradora refere-se ao convívio entre diferentes religiões, culturas, costumes e a intensificação da convivência entre diferentes grupos. O elemento referencial "sincretismo" é retomado pela expressão referencial anafórica "isso" responsável pela continuidade da referência no cotexto e recategorizada pelo elemento "salutar". Novamente o referente é retomado em um processo anafórico indireto "convivência das diferenças...". Voltamos aqui à definição de Hall (2014, p. 110) "as identidades são construídas na diferença e não fora delas". Vitória acrescenta "a gente sabe que há divisões aos nichos... nem sempre esse intercâmbio acontece... alguns sertanejos continuam isolados ali no campo no seu nicho...". Woodward (2014, p. 22) afirma que "as migrações produzem identidades plurais, mas também identidades contestadas em um processo que é caracterizado por desigualdades". Essas novas identidades que emergem em função da dispersão das pessoas pelo mundo são moldadas e localizadas em diferentes lugares e por diferentes lugares. Essas novas identidades podem ser desestabilizadas, mas também desestabilizadoras, pois mesmo o passado que as identidades atuais reconstroem seja, sempre, apenas, imaginado, ele proporciona alguma certeza em um clima que é de mudança, fluidez e crescentes incertezas. As identidades em conflito estão localizadas no interior de mudanças sociais, políticas e econômicas para as quais elas contribuem (WOODWARD, 2014).

Na busca de compreensão dos processos de identidades por meio dos discursos, associamos a relação direta entre o participante e o lugar. Para se estabelecer uma identidade social, é necessário que haja um verdadeiro sentimento de pertencimento para com o local. O sentimento de pertencimento encontrado nas narrativas geradas está diretamente ligado a terra, à natureza, demonstrado pela interação entre os seres e os lugares. Luís expressa esse sentimento no excerto 39.

# A CONSTRUÇÃO DE IDENTIDADES: (des)encontros no sul do Maranhão

**Excerto 39**

| 287 | Luís | tenho certeza que... o povo como as pessoas dizem nativos...o |
|-----|------|---------------------------------------------------------------|
| 288 |      | povo daqui aprendeu muito e tá aprendendo muito com os |
| 289 |      | que vêm de fora... mas eu tenho muito certeza que o pessoal |
| 290 |      | que veio de fora aprendeu muito... eu não vou nem dizer |
| 291 |      | com o povo daqui... mas com a geografia... entendeu? por |
| 292 |      | que se não quiser aprender com o povo... aprende com a |
| 293 |      | geografia... porque a geografia determina o jeito de ser um |
| 294 |      | povo... ou seja... a geografia que faz a cultura... se o homem |
| 295 |      | faz a história... a geografia faz o homem... você pode vir |
| 296 |      | todo de terno do Sul... de bombacha... mas não tem como o |
| 297 |      | calor... a geografia vai determinar... dizer que tu vai andar de |
| 298 |      | camiseta... e de repente vai até amarrar uma rede debaixo |
| 299 |      | do pé de pequi e dormir... porque é a geografia do lugar... é |
| 300 |      | o lugar que faz o ser humano... então eu acho que a gente |
| 301 |      | cresceu muito com essa presença... e eu tenho certeza que |
| 302 |      | também... contribui... tá contribuindo muito com o pessoal que |
| 303 |      | veio de fora... aí eu queria aproveitar pra te dizer... |

Luís, nas linhas 287 a 291, faz uma comparação entre os sertanejos e os indivíduos que chegaram à região para avaliar os aspectos apreendidos nesta união. Para isso reporta-se estabelecendo relações referenciais: "o povo daqui aprendeu muito e tá aprendendo muito com os que vêm de fora... mas eu tenho muito certeza que o pessoal que veio de fora aprendeu muito... eu não vou nem dizer com o povo daqui... mas com a geografia... entendeu?...". Luís afirma que a geografia determina o que é do lugar, e por mais que o homem queira não pertencer a determinado espaço, a geografia caracteriza o jeito de ser do povo.

Ao utilizar os elementos discursivos para caracterizar "o povo daqui" e "o pessoal que veio de fora" há uma aproximação dos referentes ligados ao objeto discursivo "aprender", atribuindo identidades e estabelecendo uma demarcação social. Penna (2006) afirma que a identidade social é uma construção simbólica que envolve processos de caráter histórico e social que se articulam e atualizam no ato individual de atribuição. O autor considera que a identidade social é uma representação relativa à posição no mundo social e, portanto, intimamente vinculada às questões de reconhecimento.

A globalização tem apresentado um processo de constante transformação de suas relações sociais e, consequentemente, trouxe à tona questões de identidade e pertença a partir do pressuposto como nos encaixamos e onde pertencemos a um mundo em mudança.

No excerto 40 Vitória reconhece as características plurais do país acerca dos processos de povoamento.

**Excerto 40**

| 543 | Vitória | então... eu acho que o país inteiro ele tem essa característica... |
| 544 | | aonde você for... a não ser em algumas regiões amazônicas |
| 545 | | mais isoladas... senão todo o país desde o início:: do processo |
| 546 | | de povoamento... fundação... então tem a ver com essa:: (SI) |
| 547 | | com essa miscigenação... no Maranhão... no Sul do Maranhão |
| 548 | | não é diferente... então em uma escala... |

  A construção da narrativa de Vitória é caracterizada pelo mecanismo anafórico "essa miscigenação..." que retoma o referente "processo de povoamento", evidenciando questões sobre como os narradores percebem e discutem vários aspectos do processo de miscigenação e da diversidade cultural.

  O excerto abaixo ajusta-se ao conceito de "identificação" proposto por Hall (2014) a partir do reconhecimento de alguma origem comum ou de características que são partilhadas pelas pessoas que convivem a partir de um mesmo ideal apesar das diferenças.

**Excerto 41**

| 554 | Vitória | ainda o que... eu acredito que ainda:: continua essa |
| 555 | | identidade... essa identidade de maranhense... porque qual |
| 556 | | é a identidade desse maranhense... é:: um sertanejo... um |
| 557 | | homem digamos mais provinciano...aquele que veio também |
| 558 | | não é um homem urbano...também aqueles primeiros que |
| 559 | | aqui chegaram eles também eram homens do campo... é |
| 560 | | claro uma cultura diferenciada... podemos dizer que Balsas |
| 561 | | tem várias culturas... sempre teve... várias culturas e agora |
| 562 | | mais do que nunca... essa diversidade aí cultural... mas eu |
| 563 | | diria que esse espírito de maranhensidade ele também foi |
| 564 | | incorporado por essa gente nova... por esses filhos de gaúchos |
| 565 | | que aqui chegaram assim como... é claro esse processo é:: |
| 566 | | vamos dizer... ele é de dois lados... ele é:: meio cíclico...assim |
| 567 | | como a cultura maranhense também incorporou muito essa |
| 568 | | cultura dos sulistas... basta ver aqui o que nós temos no que diz |
| 569 | | respeito à alimentação nos restaurantes... o que mais tem são |
| 570 | | churrascarias né... primeiramente nós tínhamos o espetinho... |
| 571 | | ainda tem o espetinho... mas o que eu digo é que (SI)então eu |
| 572 | | penso que há... essa convivência... eu não sei se houve uma |
| 573 | | sobreposição... eu acho que há alguma coisa que se renovou... |
| 574 | | que se recriou... que é natural dos sertanejos aqui... |

  A narrativa de Vitória traz uma particularidade na formação da identidade balsense, pois aproxima o sertanejo com o migrante em uma relação de pertencimento e igualdade, quando aciona o referente "homens do campo" encapsulando as características simultâneas entre os referentes "sertanejo e aquele que veio", ambos com características de homens rurais, reafirmado pelo sintagma "homens provincianos" ligados à agricultura e a terra.

Ao categorizar o novo referente "maranhensidade", na linha 563, Vitória estabelece as experiências tanto do migrante como do sertanejo instaurando uma vivência comunitária que permite a sustentação de práticas culturais compartilhadas e valoradas positivamente (PENNA, 2006). A narradora afirma que a incorporação da cultura é um processo cíclico e confirma com o sintagma "essa convivência... eu não sei se houve uma sobreposição... eu acho que há alguma coisa que se renovou... que se recriou..." estabelecendo que as identidades não são vistas como algo que as pessoas possuem, mas sim algo que as pessoas fazem em um processo de autoapresentação e posicionamentos.

Worcman e Costa (2017) explicam que as histórias de vida possuem inúmeros significados e podem corresponder a processos bastante diversos entre si, apontando não só para a uma existência singular, nem para o contexto social onde elas foram criadas, mas para a imbricação entre essas duas condições. Então, falar da realidade vivida é colocar em pauta os sentimentos de pertencimento, é trazer as diversas sensações despertadas pela memória, mesmo que seja de vulnerabilidades sociais, de valores que permeiam as relações entre as pessoas e a forma como se dá a sua conexão com o mundo.

Penna (2006) afirma que os migrantes ainda que retornem à terra natal, retornam com novas vivências, de forma que ao reencontrar o modo de vida e as práticas culturais anteriores, percebem que não são mais os mesmos, ganhando nova significação na medida em que se confrontam com novas experiências.

O excerto abaixo de João comprova as afirmações de Penna (2006, p. 106) quando afirma que os aspectos culturais e sociais parecem compatíveis com as concepções de novas metodologias adotadas pelas ciências humanas, como as histórias de vida, que "focalizam as experiências pessoais para através delas reencontrar a experiência social e coletiva, em sua complexidade multifacetada".

### Excerto 42

| 963 | João | os gaúchos viraram maranhenses e os maranhenses viraram |
| 964 | | gaúchos... porque aí cavaram e cavaram... virou uma família só... |
| 965 | | os caras tão bem misturados... adaptados mesmo... lá e cá... |

O aspecto multicultural expresso na narrativa de João "os gaúchos viraram maranhenses e os maranhenses viraram gaúchos..." demonstra um processo de (re) construção de referenciais de vida, afastando-se de uma concepção essencialista de identidade como fixa e imutável, mas vista como um processo contínuo, implacável, sempre em construção, independente de nossa vontade, pois é formada a partir das relações sociais empreendidas em nosso dia a dia.

É importante enfatizar, ao final deste capítulo, como as narrativas aqui analisadas foram construídas, destacando a visão de que a identidade e o sentimento de pertencimento estão intrinsicamente relacionados. Eles não possuem a solidez perpétua, mas sim a finitude de um mecanismo que exerce um poder de transformação contínua (BAUMAN, 2005).

As narrativas suscitaram discussões acerca dos processos e práticas que têm inquietado o caráter relativamente estabelecido da população e da cultura balsense. Reportamo-nos à pergunta trazida na introdução "é possível traçar uma identidade balsense?". Para responder a essa pergunta voltamos às afirmações de Hall (2014) quando postula sobre os caminhos que conduzem a uma sensação de pertencimento e fazemos uma outra pergunta "como os balsenses têm sido representados?".

São os próprios participantes das entrevistas que dão a resposta quando Vitória utiliza os referentes "processo de marauchização" e "miscigenação", ainda "espírito de maranhensidade", ou a geografia apresentada por Luís com sua marca inexorável que compele o homem a adaptar-se ao lugar, ou quando João afirma que os maranhenses viraram gaúchos e os gaúchos viraram maranhenses.

O que se procura é um desejado e ausente comum aglutinador (SOUSA, 2010), talvez na importante identificação feita por Vitória quando suscita características comuns ao "sertanejo e aquele que veio", ambos com características de homens rurais, ligados a terra.

Essas manifestações expressas nos discursos sinalizam uma sociedade de inclusões e exclusões explicitadas pela necessidade de pertencimento, crises e dificuldades de enraizamentos sociais e culturais: uma sociedade que convive, ao mesmo tempo, com processos de fragmentações crescentes da vida individual e coletiva e com processos políticos, econômicos e culturais da globalização (SOUSA, 2010).

A necessidade de pertencer, incluir, enraizar-se é comum especialmente no estabelecimento de novas fronteiras em que se traduz um sentimento de alteridade, de partícipes de constituição de um todo com interesses de idêntica motivação de uma comunidade. Para Bauman (2003, p. 19) pensar em comunidade denota que:

> [...] toda homogeneidade deve ser 'pinçada' de uma massa confusa e variada por via de seleção, separação e exclusão; toda unidade precisa ser *construída*; o acordo 'artificialmente produzido' é a única forma disponível

de unidade. [A comunidade] Nunca será imune à reflexão, contestação e discussão; quando muito atingirá o status de um 'contrato preliminar', de um acordo que precisa ser periodicamente renovado, sem que qualquer renovação garanta a renovação seguinte (grifo do autor).

Segundo o autor, há a emergência na compreensão de fenômenos sociológicos que emergem no mundo contemporâneo, pois há uma imprecisão no conceito de comunidade, visto que as sociedades sobrevivem apenas como entidades imaginárias, não adquirem solidez, não existindo mais a expressão "autêntica" comunidade. A comunidade é percebida como um ambiente que naturalmente vai acomodando relações interpessoais, a partir de escolhas individuais e compartilhadas.

Bauman (2005, p. 12) esclarece que o conceito de comunidade e identidade estão associados ao sentimento de pertencimento. "É fundamental compreender as características proeminentes de uma "longa transição" a fim de identificar tendências sociais, mas é igualmente necessário contextualizar manifestações da existência social dentro de um longo período". Nesse sentido, "escolher pertencer a uma ou outra comunidade, significa "abrir mão" de outros pertencimentos, ou, em última instância, limitar e escolher uma(s) identidade(s) em detrimento de outra(s)" (SANTOS, 2014, p. 120).

# CONSIDERAÇÕES FINAIS

O objetivo principal desta pesquisa centrou-se em analisar como as identidades dos moradores nascidos em Balsas, no Maranhão, são construídas linguística e textualmente em um contexto social específico. Uma região caracterizada pelo encontro de vários povos vindos de muitos lugares tornou-se um cenário favorável para investigar o processo de construção das identidades que emergiam nas narrativas orais. Para isso, propusemo-nos a desenvolver uma pesquisa qualitativa/interpretativista fundamentada em uma abordagem social em que os participantes, por meio de entrevistas narrativas, contassem suas histórias e ao se manifestarem construíssem discursivamente suas identidades.

Os postulados teóricos partiram das entrevistas narrativas como metodologia para a geração de dados e analiticamente a articulação da Análise de Narrativas e Identidades, segundo os fundamentos teóricos apresentados pela Linguística Textual. No campo dos estudos da linguagem, analisar narrativas resulta na investigação de recursos linguísticos e interacionais utilizados na construção do enredo da história. Em vista disso, escolhemos tópicos que se faziam recorrentes e optamos por utilizar dois critérios de análise: a referenciação e o posicionamento para revelar como as narrativas são construídas na dinâmica interacional e como as identidades são projetadas.

Dessa forma, norteamo-nos pelo viés sócio-histórico, tanto para subsidiar a compreensão sobre os conceitos basilares desta pesquisa, quanto o olhar sobre os discursos dos participantes pesquisados. Tal modelo resulta da exaustiva comparação das trajetórias individuais de pessoas de um determinado contexto, a partir das quais são estabelecidas semelhanças que permitem o reconhecimento das trajetórias coletivas (JOVCHELOVITCH; BAUER, 2000).

Pelo caminho trilhado nesta investigação, tendo seu objeto e objetivos, não procuramos analisar os desvelamentos dos participantes da pesquisa com o intuito de conferir em que medida eles confirmavam ou refutavam determinada concepção sobre os respectivos elementos em estudo. Pelo contrário, procuramos analisar os entendimentos e percepções que emergiam sobre tais elementos, considerando as multirreferências advindas das diferentes óticas dos participantes, uma vez que foram eles os pilares que sustentaram suas trajetórias ao narrarem e se posicionarem diante dos fatos.

Diante disso, a proposta teórica e metodológica orientadora desta investigação foi desafiadora e complexa, especialmente porque ocupou-se de sentidos que se viram ainda em (re)construção. Sobretudo porque esses sentidos são construídos a partir de múltiplos olhares, próprios da constituição sociocultural dos indivíduos, participantes da pesquisa. Por isso, as considerações desta investigação são interessantes para mostrar não só entendimentos sobre algo exteriorizado ou fruto de meras impressões ou conhecimentos do senso comum, mas, sobretudo, as consequências do experienciado e vivenciado, o que exigiu uma reflexão sobre as trajetórias históricas que envolveram questões individuais e de territorialidades e que mostraram o ponto de vista dos indivíduos quanto à sua percepção sobre a realidade.

Já na introdução apresentamos algumas indagações que nortearam a pesquisa a partir do seu objetivo de analisar as identidades construídas linguística e textualmente em um contexto de migração recente. A partir desse contexto partimos do questionamento: Quem é esse povo formado por pessoas de origens diferentes? A fim de buscar respostas para essa e outras perguntas que foram surgindo ao longo da pesquisa, lançamos mão de aspectos históricos de territorialidade e de histórias contadas pelos indivíduos que vivenciaram as transformações ocorridas no local.

No capítulo histórico sobre as migrações no Brasil e, especificamente no Nordeste, conseguimos constatar que a mobilidade é própria do ser humano e está diretamente ligada às transformações sociais, à divisão social e territorial do trabalho e aos modos de produção, que configuram o espaço em suas múltiplas escalas, o que implica ao homem moderno o aprofundamento de suas relações. Na pesquisa histórica sobre o Nordeste e a região Sul do Maranhão verificamos a predominância do movimentar-se como um dos principais elementos de definição dos indivíduos e das sociedades. E foi assim que observamos que a região chamada de Pastos Bons, onde localiza-se Balsas, foi uma região explorada tardiamente em relação ao litoral maranhense e foi colonizada essencialmente por pessoas vindas de diferentes lugares. Inicialmente por vaqueiros criadores de gado, oriundos de diferentes regiões do Nordeste atraídos pelas verdes pastagens e clima propício, depois por grandes proprietários e, mais tarde, a partir da década de 1970, por migrantes interessados na agricultura extensiva do cerrado para o cultivo da soja. Balsas, então, no ir e vir de pessoas, quer de passagem ou que se fixaram, constituiu-se em um palco de encontro de diferentes pessoas de muitos lugares.

Ainda tentando responder às perguntas lançadas: É possível traçar uma identidade balsense? Como as identidades são construídas linguística e textualmente nas narrativas? Acentuamos a relevância das narrativas quando o que se quer entender são as visões de mundo daqueles que narram, seus pontos de vistas, suas identidades. Ao narrarem suas histórias, os participantes deram forma e significado às experiências vividas e transformaram as narrativas em uma forma básica de se organizar a experiência humana, deixando falar as relações culturais e os sentidos sociais situados (BRUNER, 2001). As histórias narradas, o contexto relatado, a interação, a sequência e o conteúdo semântico revelaram-se como um terreno complexo para se entender o ato de narrar como uma prática social e discursiva, na qual narradores e ouvintes se engajam em processos significativos de construção e reconstrução de experiências (DE FINA, 2010). A partir dessa concepção, podemos afirmar que a narrativa é um discurso de natureza social e, por meio desse processo de construção de significados, as pessoas se tornam conscientes de quem são "construindo suas identidades sociais ao agir no mundo por intermédio da linguagem" (LOPES, 2006, p. 30). Os participantes da pesquisa constroem seus discursos na interação, agindo no mundo em um contexto em condições sócio-históricas particulares e posicionando-se conforme as relações que ocupam na sociedade.

Dentre o que nos apresentaram os participantes da pesquisa e corroborados nos discursos pelas análises referenciais e tópicas, aqui compreendidas não apenas como um sistema de descrição linguística, mas como uma atividade essencialmente cooperativa que contribuiu para que a construção das identidades pudesse ser materializada nos discursos e vista como estando sempre em processo.

Em Balsas, no Maranhão, em uma região de fronteira agrícola, marcada pelo fluxo contínuo de pessoas que se fixaram vindas de diferentes partes do país e do exterior, mais aquelas denominadas de população flutuante, que permanecem no local durante um período, as identidades tornaram-se híbridas. À medida em que as culturas nacionais, regionais ou locais tornaram-se mais expostas a influências externas, surgiram as identidades partilhadas (HALL, 2012). Em um caráter posicional, a identidade e a diferença foram entrelaçadas, emergindo identidades culturais que não são fixas, mas que estão em transição, entre diferentes posições e novas relações de espaço e tempo. Os posicionamentos construídos na interação permitiram interpretar as identidades sociais que foram sendo construídas discursivamente explicitando o sujeito unitário e aquele modificado por forças externas. Esse processo permitiu que os participantes se constituíssem expondo suas posições em relação a si e aos outros. Essas relações, assim como as identidades, são modificadas conforme a posição social que o narrador assume na interação, por isso são constantemente reposicionadas. O posicionamento nos permite interpretar as identidades sociais discursivamente construídas (LOPES, 2006).

Além disso, diante das mudanças rápidas ocorridas no cenário da pesquisa, as transformações marcantes ocorridas, em poucas décadas, ocasionaram uma homogeneização cultural, em certa medida, não totalmente pacífica, gerando uma tensão na transformação das identidades e um novo sentimento diante das diferenças, o pertencimento. Assim, a identidade balsense foi se construindo ao longo do tempo, mesmo sendo um processo inconsciente, devido à multiplicidade de culturas e indivíduos estar sempre se transformando. E quer queiram ou não, as pessoas naturais do lugar, foco desta pesquisa, e aquelas que se fixaram ou que estão em trânsito, também são modificadas. E aí citamos mais uma vez o conceito de Hall (2012) que diz que as identidades não são nunca unificadas, que elas são, na modernidade, cada vez mais fragmentadas e que não são nunca singulares, mas multiplamente construídas no discurso.

As histórias narradas refletem o mundo, ou as formas como os participantes querem ser vistos, viabilizando um universo semântico produzido pela concretude das imagens criadas pela linguagem, considerada aqui, como uma "lente discursiva" adequada para investigar a relação entre identidades e processos narrativos. Esses conceitos viabilizaram contrastar, por meio dos discursos, como o tempo é determinante para traçar um perfil identitário, e para isso citamos Hall (2012, p. 17) quando afirma que "as sociedades modernas são caracterizadas pela "diferença", por diferentes divisões e antagonismos sociais, diferentes "posições de sujeito" – isto é, identidades". O tempo e o espaço, como coordenadas de sistemas de representação, estão diretamente relacionados com os processos sociais. A visão constatada pelo discurso, o apego à terra, a importância das tradições e costumes estão arraigados nas histórias das pessoas e quanto mais elas conviverem com as modificações do lugar, mais críticas são suas posições sobre as transformações ocorridas na sociedade. Verificamos que as visões dos participantes mais jovens são mais positivas em relação ao progresso e às consequências da intensa migração, constatando, conforme Hall (2012), que diferentes épocas culturais têm diferentes formas de combinar essas coordenadas espaço-tempo e, portanto, as formas de representação da relação identitária.

Não podemos deixar de mencionar dentre as identidades traçadas a ocorrência de uma unidade dentro da fragmentação. A aproximação do sertanejo com o migrante em uma relação de pertencimento e igualdade, ambos com características de homens rurais, ligados à agricultura e a terra. Características percebidas de cada um, naturalizadas, vistas como fazendo parte da natureza das coisas. A princípio o meio rural une os diferentes em uma vivência comunitária que permite a sustentação de práticas compartilhadas que dizem respeito a uma referencialidade de espaço (territorial/cultural).

Em suma, as identidades sociais são construídas nos discursos que emergem na interação entre os indivíduos agindo em práticas discursivas particulares nas quais estão posicionados (LOPES, 2006). Ao considerarmos as identidades sociais de nossos interlocutores, ao nos engajarmos nos discursos, estamos simultaneamente (re)construindo nossas identidades sociais ao passo que eles estão também (re)construindo as suas.

Temos também que destacar que uma das contribuições dessa pesquisa foi a proposta de colocar como centro da investigação os participantes nascidos na região maranhense, o ponto de vista do morador local e sua visão a partir das transformações ocorridas em detrimento do processo migratório. As narrativas, portanto, foram produzidas e compreendidas da perspectiva de lugares sociais e históricos específicos. Essa alternativa diferencia comparativamente a pesquisa apresentada às análises de narrativas no campo de estudos sobre o fenômeno da identidade que privilegiam aqueles que se deslocaram ou estão se deslocando, o que, em nosso ponto de vista, coloca-se como uma contribuição singular para as perspectivas narrativistas e para a Linguística Textual. Acreditamos que a interface entre os estudos da narrativa e de identidade e a Linguística Textual possibilitou compreender as narrativas não apenas pelo seu conteúdo, pensando-se no que foi dito, mas também no como foi dito, ou seja, considerando um lidar com posicionamentos variáveis, múltiplos, no tempo não linear que caracteriza a narrativa como uma construção de sentidos que os participantes fazem de suas vidas.

Entre as limitações da pesquisa há de se considerar que ainda existem várias possibilidades a serem exploradas a respeito das identidades balsenses, visto que a o número de participantes se limitou às percepções das pessoas nascidas em Balsas deixando de investigar a visão do migrante e seus descendentes, o que poderia fornecer um estudo comparativo interessante entre situações vividas e distintas. Ademais, tais elementos não estavam no escopo deste estudo, porém, compreendemos como relevantes para a melhor compreensão de como eles podem influenciar nas trajetórias de constituição identitária da região.

Diante disso, reforçamos que finalizamos esta pesquisa com a sensação de que ainda há muito a ser investigado, esclarecido e compreendido. Todavia, mesmo certos da incompletude e inacabamento da mesma, acreditamos que esta pesquisa produziu resultados importantes e alcançou seus principais objetivos, possibilitando traçar um perfil identitário balsense, além da narrativa legitimar as realidades dos atores sociais e, de alguma forma, construir as realidades sociais que se expõem à nossa frente como também quem somos e quem são os outros que povoam as histórias.

Assim, esperamos que este trabalho amplie o interesse, especialmente dos pesquisadores da área, pela investigação sobre os mencionados elementos, pois constatamos que as histórias que se contam servem para criar um sentimento de pertencimento a um grupo. Nesse processo, tanto maranhenses quanto gaúchos aprendem nas e pelas relações, isto é, aprendem em "inter--ação". Portanto, a "marauchização" citada por Vitória nas narrativas não encontra nenhum documento correspondente nas pesquisas, mas em Balsas a palavra maraúcho já tem significado e quer dizer "mistura", seja entre maranhenses e gaúchos, seja entre pessoas de diferentes lugares que chegaram e se encontraram, ou por pessoas cujos pais vieram de outras regiões, mas que nasceram em Balsas.

Existir neste contexto social e sentir-se pertencente a ele é um elo comum para que seus membros se sintam integrantes de um grupo e contribuam fundamentalmente para a construção da identidade individual e social. Reproduzindo as palavras de Lopes (2006, p. 63), "parece útil pensar as identidades sociais, metaforicamente, como mosaicos ou como imagens de caleidoscópios que se modificam nas várias práticas discursivas em que atuamos". É, portanto, por meio da participação em diferentes discursos que aprendemos a ser quem somos.

# REFERÊNCIAS

APOTHÉLOZ, D.; REICHLER-BÉGUELIN, M. J. Construction de la référence et stratégies de désignation. *In:* BERRENDONNER, A.; REICHLER-BÉGUELIN, M. J. (org.). *Du sintagme nominal aux objets-de-discours*. Neuchâtel: Université de Neuchâtel, 1995. p. 142-173.

BAMBERG, M. Construindo a masculinidade na adolescência: posicionamentos e o processo de construção da identidade aos 15 anos. *In:* LOPES, L. P. M.; BASTOS, L. C. (org.). *Identidades*: recortes multi e interdisciplinares. Campinas: Mercado de Letras, 2002. p. 149-185.

BAMBERG, M. Positioning between structure and performance. *Journal of Narrative and Life History*, Hillsdale [New] Jersey, v. 7, n. 1-4, p. 335-342, 1997.

BAMBERG, M. Positioning with Davie Hogan: stories, tellings, and identities. *In:* DAIUTE, C.; LIGHTFOOT, C. (ed.). *Narrative analysis*: studying the development of individuals in society. London: Sage, 2004. p. 135-157.

BAMBERG, M. Why narrative? *Narrative Inquiry*, Amsterdam, v. 22, n. 1, p. 202-210, 2012.

BASTOS, L. C. Contando estórias em contextos espontâneos e institucionais: uma introdução ao estudo da narrativa. *Calidoscópio*, São Leopoldo, v. 3, n. 2, p. 74-87, 2005.

BASTOS, L. C. Estórias, vida cotidiana e identidade: uma introdução ao estudo da narrativa. *In:* CALDAS-COULTHARD, C. R.; CABRAL, L. S. (org.). *Desvendando discursos:* conceitos básicos. Florianópolis: Ed. UFSC, 2007. p. 79-111.

BASTOS, L. C.; BIAR, L. Análise narrativa e práticas de entendimento da vida social. *Delta*, São Paulo, v. 31, p. 97-126, 2015.

BASTOS, L. C.; SANTOS, W. S. *A entrevista na pesquisa qualitativa*: perspectivas em análise da narrativa e da interação. Rio de Janeiro: FAPERJ, 2013.

BAUER, M. W.; GASKELL, G. *Pesquisa qualitativa com texto, imagem e som*: um manual prático. Petrópolis: Vozes, 2002.

BAUMAN, Z. *Comunidade – a busca por segurança no mundo atual*. Rio de Janeiro: Zahar, 2003.

BAUMAN, Z. *Identidade*: entrevista a Benedetto Vecchi. Rio de Janeiro, Zahar, 2005.

BENTES, A. C.; RIOS, V. C. A construção conjunta da referência em uma entrevista semimonitorada com jovens universitários. *In:* KOCH, I. V.; MORATO, M. E.; BENTES, A. C. (org.). *Referenciação e discurso*. São Paulo: Contexto, 2005. p. 265-291.

BEZERRA, B. R. *et al*. *Território, política e economia do maranhão*: quatro séculos de ocupação territorial produtiva sob um novo e desafiador processo de desenvolvimento. São Luís: Editora UEMA, 2017.

BHABHA. H. K. *O local da cultura*. Belo Horizonte: Editora UFMG, 2013.

BRUNER, J. Life as narrative. *Social Research*, New York, v. 54, n. 1, p. 11-32, 1987.

BRUNER, Jerome. *Making stories*: law, literature, life. New York: Farrar, Straus and Giroux, 2001.

BURNETT, F. L.; LOPES, J. A. V. *Território, política e economia no Maranhão*: 4 séculos de ocupação territorial produtiva sob um novo e desafiador processo de desenvolvimento. 1. ed. São Luís: Editora Uema, 2017. v. 1.

CABRAL, M. S. C. *Caminhos do gado*: conquista e ocupação do Sul do Maranhão. São Luís: SIOGE, 1992.

CARVALHO, C. *O sertão*: subsídios para a história e geografia do Brasil. Imperatriz, MA: Ética, 2000.

CARVALHO, J. R. F. C. *Momentos de história da Amazônia*. Imperatriz, MA: Ética, 1998.

CASTRO, M. C. D. *Maranhão*: sua toponímia, sua história. 2012. 474 f. Tese (Doutorado em Linguística) – Universidade Federal de Goiás, Goiânia, 2012.

CAVALCANTE, M. M. *et al*. Dimensões textuais nas perspectivas sociocognitiva e interacional. *In:* BENTES, A. C; LEITE, M. Q. *Linguística de texto e análise da conversação*: panorama das pesquisas no Brasil. São Paulo: Cortez, 2011. p. 225-261.

COELHO NETO, E. *História do Sul do Maranhão*: terra, vida, homens e acontecimentos. Belo Horizonte: Ed. São Vicente, 1979.

COSTA, W. C. Do "Maranhão Novo" ao "Novo Tempo": a trajetória da oligarquia Sarney no Maranhão. *In:* BARROS, A. E. A. et al. *Histórias do Maranhão em tempo de República*. São Luís: Paco, 2015. p. 189-235.

CRUZ, C. A. G.; BASTOS, L. C. Histórias de uma obesa: a teoria dos posicionamentos e a (re)construção discursiva das identidades. *Linguagem em (Dis)curso – LemD*, Tubarão, SC, v. 15, n. 3, p. 367-384, set./dez. 2015.

CUNHA, J. M. P. Urbanización, redistribuición espacial de la población y transformaciones socioeconomicas en América Latina. *Serie Población y Desarrollo*, Santiago de Chile, v. 30, p. 3-52, 2002.

DE FINA, A. Discourse and Identity. *In:* VAN DIJK, T. A. *Discourse studies, a multidisciplinary introduction*. [S.l.]: Sage Publications, 2003.

DE FINA, A. Narrativa e identidade: uma perspectiva discursiva do relato e do sujeito. Tradução: Letícia Rebollo. *In:* ALMEIDA, F. A. de; GONÇALVES, J. C. *Interação, contexto e identidades em práticas sociais*. Niterói: EdUFF, 2008.

DE FINA, A. Tempo, espaço e identidade em narrativas de imigração. *In:* LOPES, L. P. M.; BASTOS, L. C. (org.). *Para além da identidade*: fluxos, movimentos e trânsitos. Belo Horizonte: Ed. UFMG, 2010. p. 85-105.

DE FINA, A.; GEORGAKOPOULOU, A. *Analyzing narrative*: discourse and sociolinguistic perspectives. Cambridge: Cambridge University Press, 2012.

DE FINA, A.; SCHIFFRIN, D.; BAMBERG M (ed.). *Discourse and identity*. Cambridge: Cambridge University Press, 2006.

DE FINA, A.; TSENG, A. Narrative in the study of migrants. *In:* CANAGARAJAH, S (ed.). *The Routledge handbook of migration and language*. London: Routledge, 2017. p. 381-396.

DIAS, D. L. Narraritivas autobiográficas na mídia impressa. *In:* MACHADO, I. L.; MELO, M. S. S. (org.). *Estudos sobre narrativas em diferentes materialidades discursivas na visão da análise do discurso*. Belo Horizonte: Núcleo de Análise do Discurso, FALE/UFMG, 2016.

DIAS, L. J. B. As bases geoambientais do Estado do Maranhão. *In:* BEZERRA, B. R. et al. *Território, política e economia do Maranhão*: quatro séculos de ocupação territorial produtiva sob um novo e desafiador processo de desenvolvimento. São Luís: Editora UEMA, 2017. p. 13-35.

FLANNERY, M. R. S. Reflexões sobre as abordagens linguísticas para o estudo da narrativa oral. *Letras de Hoje*, Porto Alegre, v. 46, n. 1, p. 112-119, jan./mar. 2011.

FLANNERY, M. R. S. *Uma introdução à análise linguística da narrativa oral:* abordagens e modelos. Campinas: Pontes, 2015.

GASKELL, G. Entrevistas Individuais e grupais. *In:* BAUER, M. W.; GASKELL, G. *Pesquisa qualitativa com texto, imagem e som*: um manual prático. Petrópolis: Vozes, 2003.

GASPAR, R. B. Das chapadas comuns aos campos de soja: capítulos da expansão do agronegócio no Maranhão contemporâneo. *In:* BARROS, A. E. A et al. (org.). *Histórias do Maranhão em tempos de República*. Jundiaí: Paco, 2015.

GEE, J. P. Identity as an analytic lens for research in education. *Review of Research in Education*, Itasca, v. 25, p. 99-125, 2001.

GEERTZ, C. *A interpretação das culturas*. Rio de Janeiro: Zahar, 2017.

GEORGAKOPOULOU, A. *Between narrative analysis and narrative inquiry*: the long story of small stories research. London: King's College, 2014 (Working Papers in Urban Language & Literacies, 131). Disponível em: http://www.academia.edu/ 7550539/WP131_Georgakopoulou_2014._Between_narrative_ analysis_and_narrative_inquiry_The_long_story_of_small_stories_research. Acesso em: 12 abr. 2018.

GIDDENS, Anthony. *Modernidade e identidade*. Tradução: Plínio Dentzien. Rio de Janeiro: Jorge Zahar, 2002.

GOFFMAN, E. *Forms of talk*. Philadelphia: University of Pensylvania Press, 1991.

GUMPERZ, J. *Discurse strategies*. Cambridge: Cambridge University Press, 1982.

HALL, S. *A identidade cultural na pós-modernidade*. Rio de Janeiro: DP&A, 2012.

HALL, S. Quem precisa de identidade? *In:* SILVA, T. T. *Identidade e diferença*: a perspectiva dos estudos culturais (org.). Petrópolis: Vozes, 2014. p. 247-264.

HARRÉ, R.; VAN LANGENHOVE, L. *Positioning theory*. Oxford: Blackwell, 1999.

HERMANN, J. Cenário do encontro de povos. *In:* INSTITUTO BRASILEIRO DE GEOGRAFIA E ESTATÍSTICA (IBGE). Centro de Documentação e Disseminação de Informações. *Brasil*: 500 anos de povoamento. Rio de Janeiro: IBGE, 2007. p. 19-33.

HOUAISS, A. *Dicionário Houaiss da língua portuguesa*. Rio de Janeiro: Objetiva, 2009.

INSTITUTO BRASILEIRO DE GEOGRAFIA E ESTATÍSTICA (IBGE). *Censo demográfico 2010*. Rio de Janeiro, 2016a. Disponível em: https://cidades.ibge.gov.br/brasil/ma/balsas/panorama. Acesso em: 25 nov. 2016.

INSTITUTO BRASILEIRO DE GEOGRAFIA E ESTATÍSTICA (IBGE). *IBGE*: cidades@: Maranhão: Balsas: panorama. Rio de Janeiro, 2016b. Disponível em: https://cidades.ibge.gov.br/brasil/ma/balsas/panorama. Acesso em: 25 nov. 2016.

INSTITUTO BRASILEIRO DE GEOGRAFIA E ESTATÍSTICA (IBGE). *Mapas*. Rio de Janeiro, 2019. Disponível em: https://mapas.ibge.gov.br/amazônia legal. Acesso em: 23 maio 2019.

JOHNSTONE, B. Discourse analysis and narrative. *In:* SCHIFFRIN, D.; TANNEN, D.; HEIDI, E. H (ed.). *The handbook of discourse analysis*. Malden, Mass.: Blackwell, 2001. p. 635-649.

JOVCHELOVITCH, S.; BAUER, M. W. Entrevista narrativa. *In:* BAUER, M. W.; GASKELL, G (ed.). *Pesquisa qualitativa com texto, imagem e som*: um manual prático. Tradução de Pedrinho A. Guareschi. Petrópolis: Vozes, 2002. p. 90-113.

JUBRAN, C. C. A. S. *A construção do texto falado*. Gramática do português culto falado no Brasil. São Paulo: Contexto, 2015.

JUBRAN, C. C. A. S. Parentização. *In:* JUBRAN, C. C. A. S.; KOCH, I. G. V (org.). *Gramática do português culto falado no Brasil*. Campinas: Ed. da UNICAMP, 2006a. v. 1: Construção do texto falado, p. 301-357.

JUBRAN, C. C. A. S. Revisitando a noção de tópico discursivo. *Cadernos de Estudos Linguísticos*, Campinas, v. 48, n. 1, p. 33-42, 2006b.

KIM, J-H. *Understanding narrative inquiry*. The crafting and analysis of stories as research. Kansas: Kansas State University: Sange, 2013.

KOCH, I. G. V. Como se constroem e reconstroem os objetos de discurso. *Revista Investigações*, Recife, v. 21, n. 2, p. 99-114, jul. 2008.

KOCH, I. V. G. *Desvendando os segredos do texto*. São Paulo: Cortez, 2014.

KOCH, I. V. G. *O texto e a construção de sentidos*. São Paulo: Contexto, 2016.

KOCH, I. V.; MARCUSCHI, L. A. Estratégias de referenciação e progressão referencial na língua falada. *In:* ABAURRE, M. B. M.; RODRIGUES, A C. S (org.). *Gramática do português falado*. Campinas: Unicamp, 2002. v. 8.

LABOV, W. Alguns passos iniciais na análise da narrativa. Trad. de Ferreira Netto. *Journal of Narrative and Life History*, Hillsdale [New] Jersey, v. 7, n. 1-4, p. 1-18, 1997a. Disponível em: http://www.academia.edu/4598767/ LABOV_William._ Alguns_passos_iniciais_na_an%C3%A1lise_da_narrativa. Acesso em: 23 maio 2017.

LABOV, W. Some further steps in narrative analysis. *Journal of Narrative and Life History*, Hillsdale [New] Jersey, v. 7, n. 1-4, p. 395-415, 1997b.

LABOV, W.; WALETZKY, J. Narrative analysis: oral versions off personal experience. *In:* HELM, J (ed.). *Essays on the verbal and visual arts*. Seatlle, WA: University of Washington Press, 1967. p. 12-44.

LAURENT, F.; OSIS, M.S. R. Dinâmica de expansão da soja na frente pioneira Amazônica relacionada à variabilidade espacial dos fatores naturais. *In:* BERRETA, LAURENT, F.; OSIS, R. S. *Mudanças nos sistemas agrícolas e territórios no Brasil.* [S.l.]: Uergs: Université Le Mans, 2019.

LOPES, L. P. M. *Identidades fragmentadas*: a construção discursiva de raça, gênero e sexualidade em sala de aula. Campinas: Mercado de Letras, 2006.

LOPES, L. P. M. Práticas narrativas como espaço de construção de identidades sociais: uma abordagem socioconstrucionista. *In:* RIBEIRO, B. T.; LIMA, C. C.; DANTAS, M. T. L (org.). *Narrativa, identidade e clínica.* Rio de Janeiro: IPUB, 2001. p. 55-71.

LOPES, L. P. M.; BASTOS, L. C. A experiência identitária na lógica dos fluxos-uma lente para se entender a vida social. *In:* LOPES, L. P. M.; BASTOS, L. C (org.). *Para além da identidade*: fluxos, movimentos e trânsitos. Belo Horizonte: UFMG, 2002. p. 9-23.

MARCUSCHI, L. A. *Análise da conversação.* São Paulo: Ática, 2003.

MARCUSCHI, L. A. Atos de referenciação na interação face a face. *Cadernos de Estudos Linguísticos*, Campinas, n. 41, p. 37-54, jul./dez. 2001.

MARCUSCHI, L. A. Repetição. *In:* JUBRAN, C. C. A. S. *A construção do texto falado.* Gramática do português culto falado no Brasil. São Paulo: Contexto, 2015.

MARCUSCHI, L. A.; KOCH, I. G. V. Referenciação. *In:* JUBRAN, C. C. A. S.; KOCH, I. G. V (org.). *Gramática do português culto falado no Brasil.* Campinas: Ed. da UNICAMP, 2006. v. 1: Construção do texto falado, p. 381-399.

MARTINS, J. S. O tempo da fronteira. retorno à controvérsia sobre o tempo histórico da frente de expansão e da frente pioneira. *Tempo Social; Rev. Sociol. USP*, São Paulo, v. 8, n. 1, p. 25-70, maio 1996.

MARTINS, M. B.; OLIVEIRA, T. G. *Amazônia Maranhense*: diversidade e conservação. Belém: MPEG, 2011.

MINAYO, M. C. S. Ciência, técnica e arte: o desafio da pesquisa social. *In:* MINAYO, M. C. S (org.). *Pesquisa social*: teoria, método e criatividade. Petrópolis: Vozes, 2002. p. 9-29.

MIRA, C. A construção de objetos de discurso nas práticas conversacionais de um grupo de convivência d e afásicos. *Fórum Linguístico*, Florianópolis, v. 13, n. 2, p. 1131-1146, abr./jun. 2016.

MIRA, C.; CARNIN, A. Histórias sobre o convívio com a doença de Alzheimer: contribuições da noção de referenciação para a análise de narrativas no contexto de interações de um grupo de apoio. *Caderno de Estudos Linguísticos*, Campinas, v. 59, n. 1, p. 157-174, jan./abr. 2017.

MIRANDA, R. S. *Ecologia política da soja e processos de territorialização no Sul do Maranhão*. 2011. 203 f. Tese (Doutorado em Ciências Sociais) – Pós-Graduação em Ciências Sociais, Universidade Federal Campina Grande, Campina Grande, PB, 2011.

MISHLER, E. G. *Research interview*: context and narrative. Cambridge, Mass.: Harvard University Press, 2002.

MONDADA, L. A entrevista como acontecimento interacional: abordagem linguística e interacional. *RUA*, [S.l.], v. 3, n. 1, p. 59-86,1997.

MONDADA, L.; DUBOIS, D. Construção de objetos de discurso e categorização: uma abordagem dos processos de referenciação. *In:* CAVALCANTE, M. M. et al. (org.). *Referenciação*. São Paulo: Contexto, 2014. p. 17-52.

MUYLAERT, C. J. et al. Entrevistas narrativas: um importante recurso em pesquisa qualitativa. *Rev Esc Enferm USP*, São Paulo, n. 48, 193-199, 2014, Esp. 2.

OCHS, E.; CAPPS, L. *Living narrative*: creating lives in everyday storytelling. Cambridge: Harvard University Press, 2001.

OJIMA, R.; FUSCO, W. *Migrações nordestinas no s*éculo 21: um panorama recente. São Paulo: Edgard Blücher, 2014.

PATARRA, N. L. *Movimentos migratórios no Brasil*: tempo e espaços. Rio de Janeiro: Escola Nacional de Ciências Estatísticas, 2003.

PENNA, M. Relatos de migrantes: questionando as noções de perda de identidade e desenraizamento. *In:* SIGNORINI, I (org.). *Lingua(gem) e identidade.* Campinas: Mercado das Letras, 2006. p. 89-111.

PEREIRA, E. V. *Balsas fragmentos de memória.* São Luís: Halley, 2014.

PEREIRA, L. C. B. Estado, estado-nação e formas de intermediação política. *Lua Nova*, São Paulo, n. 100, p. 155-185, 2017.

PINHEIRO, L. R. *Identidades em narrativas*: práticas e reflexividades na periferia. Jundiaí: Paco, 2015.

RISSO, M. S. Marcadores discursivos basicamente sequenciadores. *In:* JUBRAN, C. C. A. S. *A construção do texto falado.* Gramática do português culto falado no Brasil. São Paulo: Contexto, 2015.

RODRIGUES-LEITE, J. E. *A construção pública do conhecimento*: linguagem e interação na cognição social. 2004. cap. 1, p. 35-73. Tese (Doutorado) – Universidade Federal de Pernambuco, Recife. Disponível em: http://biblioteca.universia.net/ficha.do?id=28607941. Acesso em: 27 jul. 2019.

ROSA, J. G. *Grande Sertão*: veredas. Rio de Janeiro: Nova Fronteira, 2009.

SANTHIAGO, R.; MAGALHÃES, V. B (org.). *Depois da utopia.* São Paulo: Letra e Voz: Fapesp, 2013.

SCHIFFRIN, D. *Approaches to discourse.* Oxford: Blackwell, 1994.

SIGNORINI, I (org.) *Lingua(gem) e identidade*: elementos para uma discussão no campo aplicado. Campinas: Mercado de Letras, 2006.

SILVA, T. T (org.) *Identidade e diferença*: a perspectiva dos estudos culturais. Petrópolis: Vozes, 2014b.

SILVA, T. T. A produção social da identidade e da diferença. *In:* SILVA, T. T. (org.). *Identidade e diferença.* Petrópolis: Vozes, 2014a. p. 73-102.

SOUCHAUD, S. Les périodes migratoires du peuplement au Brésil, de la fin du XIXème siècle à nos jours. *Hommes & Migrations*, Paris, v. 1281, p. 30-39, 2009.

SOUCHAUD, S.; FUSCO, W. População e ocupação do espaço: o papel das migrações no Brasil. *REDES – Rev. Des. Regional*, Santa Cruz do Sul, v. 17, n. 2, p. 5-17, maio/ago. 2012.

SOUSA, M. W. O pertencimento ao comum mediático: a identidade em tempos de transição. *Significação*: Revista de Cultura Audiovisual, v. 37, n. 34, p. 31-52, 2010.

TANNEN, D. *Analysing discourse*: text and talk. Washington, D.C: Georgetown University Press, 1982.

VALE, A. L. F. *Migração e territorialização*. As dimensões territoriais dos nordestinos em Boa Vista/RR. 2007. Tese (Doutorado em Desenvolvimento Regional) – Instituto de Ciências e Tecnologia, Universidade Estadual Paulista, Presidente Prudente, 20s07.

WOODWARD, K. Identidade e diferença: uma introdução teórica e conceitual. *In:* SILVA, T. T (org.) *Identidade e diferença*: a perspectiva dos estudos culturais. Petrópolis: Vozes, 2014.

WORCMAN, K.; COSTA, A. O. A construção do eu nas narrativas de vida. *Comunicações*, Piracicaba, v. 24, n. 3, p. 331-354, set./dez. 2017.

# ANEXO
# CONVENÇÕES DE TRANSCRIÇÃO

| SINAIS | OCORRÊNCIAS |
|---|---|
| (SI) | Incompreensão de palavras ou segmentos |
| Maiúscula | Entonação enfática |
|  | Prolongamento de vogal e consoante (podendo aumentar de acordo com a duração) |
| - | Silabação |
| ? | Interrogação |
| ... | Qualquer pausa |
| (NO) | Nome Oculto |
| Comentários do transcritor e designações gestuais | ((minúscula)) |
| [ apontando o local onde ocorre a sobreposição | Sobreposição |

Fonte: Marcuschi (2003); Mira e Carnin (2017).

# ÍNDICE REMISSIVO

**A**

Análise 13, 19, 20, 21, 22, 24, 25, 28, 32, 34, 58, 61, 62, 63, 64, 68, 69, 83, 85, 86, 91, 93, 96, 97, 98, 99, 101, 102, 110, 117, 119, 122, 133, 139, 140, 149, 155, 157, 158, 160, 161, 162

**B**

Balsas 4, 9, 15, 20, 21, 22, 23, 34, 39, 40, 41, 43, 45, 46, 47, 48, 49, 50, 51, 52, 54, 55, 67, 87, 88, 89, 90, 93, 111, 112, 113, 114, 116, 118, 120, 121, 122, 123, 124, 125, 133, 138, 141, 144, 149, 150, 151, 153, 154, 159, 163

Brasil 3, 13, 22, 24, 27, 29, 30, 31, 32, 33, 37, 40, 41, 43, 47, 48, 49, 52, 53, 56, 114, 150, 156, 157, 159, 160, 161, 162, 163, 164

**C**

Características 24, 30, 31, 34, 38, 41, 54, 63, 67, 69, 78, 80, 82, 86, 89, 106, 111, 114, 115, 119, 131, 140, 143, 144, 145, 146, 147, 152

Cidade 20, 21, 22, 23, 39, 40, 48, 50, 51, 54, 66, 67, 68, 87, 89, 90, 91, 106, 111, 112, 113, 118, 119, 120, 121, 122, 123, 124, 126, 127, 128, 135, 138

Compreensão 16, 19, 25, 27, 32, 56, 59, 60, 61, 65, 68, 74, 75, 76, 80, 83, 85, 86, 88, 90, 91, 95, 97, 101, 114, 120, 122, 142, 147, 149, 153

Comunidade 19, 23, 54, 57, 67, 71, 76, 89, 104, 105, 106, 109, 110, 119, 130, 138, 146, 147, 156

Construção 3, 4, 17, 20, 22, 23, 24, 25, 27, 30, 31, 39, 49, 56, 59, 60, 61, 62, 63, 65, 67, 71, 75, 78, 79, 80, 83, 85, 86, 89, 91, 92, 93, 94, 95, 96, 97, 99, 101, 102, 103, 104, 105, 107, 110, 111, 113, 114, 118, 119, 120, 121, 122, 123, 124, 125, 128, 130, 135, 137, 138, 139, 140, 143, 144, 145, 146, 149, 151, 153, 154, 155, 156, 157, 160, 161, 162, 163, 164

Construção de identidades 3, 4, 20, 25, 56, 61, 67, 75, 78, 80, 83, 86, 138, 161

Contexto 15, 16, 20, 21, 22, 25, 30, 32, 34, 37, 50, 52, 54, 55, 56, 59, 60, 63, 64, 65, 66, 67, 68, 69, 71, 74, 80, 86, 87, 88, 89, 90, 93, 95, 103, 104, 105, 106, 110, 112, 113, 114, 116, 119, 120, 122, 126, 127, 128, 130, 131, 132, 137, 138, 145, 149, 150, 151, 154, 156, 157, 160, 161, 162, 163

Cultura 15, 16, 17, 20, 23, 39, 44, 47, 55, 56, 63, 64, 66, 67, 76, 80, 81, 82, 90, 95, 114, 115, 121, 124, 127, 129, 139, 140, 143, 144, 145, 146, 156, 164

Cultural 24, 25, 27, 34, 36, 39, 49, 63, 65, 67, 68, 69, 70, 71, 73, 75, 76, 77, 81, 82, 93, 104, 115, 118, 128, 129, 138, 139, 140, 144, 151, 152, 159

## D

Desenvolvimento 15, 16, 24, 27, 28, 30, 31, 32, 33, 35, 36, 37, 38, 39, 46, 49, 50, 55, 60, 63, 64, 69, 70, 88, 90, 91, 92, 112, 113, 119, 128, 129, 132, 134, 137, 138, 156, 158, 164

Discurso 19, 37, 41, 51, 59, 60, 61, 75, 76, 79, 80, 81, 85, 86, 91, 93, 94, 95, 96, 97, 98, 102, 103, 105, 106, 107, 108, 110, 113, 114, 117, 118, 119, 120, 121, 125, 126, 127, 129, 131, 132, 133, 134, 135, 136, 137, 138, 139, 140, 141, 151, 152, 156, 158, 160, 162

## E

Economia 28, 29, 30, 31, 36, 37, 38, 51, 67, 68, 124, 125, 156, 158

Elementos 17, 29, 31, 32, 45, 58, 59, 63, 68, 87, 88, 95, 96, 104, 107, 113, 114, 116, 119, 120, 121, 123, 125, 129, 130, 137, 143, 149, 150, 153, 163

Entrevistas 24, 25, 60, 62, 65, 69, 85, 86, 87, 95, 101, 103, 125, 146, 149, 158, 162

Espaço 15, 24, 25, 27, 28, 29, 35, 36, 39, 41, 43, 44, 48, 53, 54, 56, 58, 59, 63, 69, 70, 75, 76, 77, 80, 85, 97, 98, 99, 103, 104, 105, 106, 110, 111, 113, 114, 116, 117, 119, 120, 126, 127, 128, 134, 135, 143, 150, 151, 152, 157, 161, 164

Estado 29, 34, 35, 36, 37, 38, 39, 40, 41, 42, 43, 47, 48, 49, 51, 54, 74, 124, 126, 133, 158, 163

Estudo 15, 17, 19, 25, 27, 28, 34, 39, 57, 58, 59, 61, 62, 63, 64, 69, 78, 81, 83, 95, 106, 108, 120, 149, 153, 155, 158

Expansão 28, 29, 30, 32, 33, 37, 38, 41, 42, 50, 53, 54, 56, 90, 126, 158, 161

Experiência 16, 20, 22, 42, 47, 57, 59, 60, 61, 62, 64, 66, 75, 79, 86, 87, 103, 107, 109, 136, 145, 150, 161

## G

Gente 22, 43, 47, 55, 66, 67, 70, 105, 111, 112, 113, 114, 120, 121, 122, 123, 124, 125, 131, 134, 137, 141, 142, 143, 144

Grande 22, 32, 33, 36, 41, 42, 44, 45, 48, 51, 54, 55, 65, 70, 76, 77, 90, 95, 111, 112, 113, 118, 120, 122, 123, 124, 125, 127, 132, 133, 138, 141, 162, 163

## H

História 17, 20, 27, 29, 31, 32, 33, 39, 41, 42, 43, 44, 45, 46, 47, 49, 52, 55, 58, 60, 62, 63, 65, 66, 67, 70, 71, 80, 86, 87, 88, 89, 90, 92, 95, 97, 98, 99, 101, 102, 103, 104, 105, 106, 107, 108, 110, 111, 113, 114, 115, 116, 119, 120, 121, 127, 128, 132, 140, 143, 149, 156, 157

Histórias de vida 19, 21, 39, 44, 58, 64, 87, 101, 103, 125, 145

Homem 15, 16, 17, 20, 27, 39, 41, 45, 48, 66, 67, 68, 90, 115, 127, 128, 143, 144, 146, 150

## I

Identidade 15, 16, 17, 20, 21, 22, 24, 25, 27, 39, 41, 45, 69, 71, 73, 74, 75, 76, 77, 78, 79, 80, 81, 82, 83, 93, 95, 96, 97, 104, 105, 107, 110, 112, 115, 117, 120, 121, 123, 126, 127, 128, 129, 133, 135, 136, 138, 139, 142, 143, 144, 146, 147, 150, 151, 153, 154, 155, 156, 157, 158, 159, 161, 163, 164

Identidade e diferença 82, 115, 127, 138, 159, 163, 164

Impacto 37, 50, 51, 56, 70, 77, 88, 122, 124, 125, 126, 130

Início do século 28, 42, 43, 44, 46, 47, 48, 104

Interação 16, 23, 24, 25, 55, 58, 63, 64, 65, 67, 68, 69, 73, 74, 75, 78, 79, 83, 85, 88, 91, 95, 96, 97, 98, 99, 101, 103, 105, 106, 109, 118, 122, 137, 141, 142, 151, 152, 155, 157, 161, 163

## L

Linguagem 15, 19, 21, 22, 25, 57, 59, 60, 62, 64, 78, 79, 80, 82, 93, 95, 112, 140, 149, 151, 152, 157, 163

Linguística 9, 15, 16, 20, 21, 22, 24, 25, 57, 62, 68, 71, 78, 79, 82, 93, 94, 95, 99, 115, 149, 150, 151, 153, 156, 157, 158, 162

Local 15, 16, 17, 20, 23, 34, 48, 51, 61, 65, 66, 67, 77, 80, 81, 82, 87, 90, 113, 120, 124, 134, 135, 138, 142, 150, 151, 153, 156, 165

Lugar 20, 21, 23, 44, 48, 52, 56, 59, 62, 63, 65, 74, 77, 81, 83, 96, 97, 104, 105, 106, 108, 110, 111, 113, 114, 116, 119, 120, 127, 130, 131, 132, 133, 135, 136, 140, 142, 143, 146, 152

## M

Maranhão 3, 4, 9, 15, 16, 20, 21, 22, 23, 24, 27, 32, 34, 35, 36, 37, 38, 39, 40, 41, 42, 43, 44, 45, 46, 47, 48, 49, 50, 51, 52, 54, 55, 56, 67, 68, 88, 104, 105, 114, 122, 124, 125, 126, 128, 133, 144, 149, 150, 151, 156, 157, 158, 159, 162

Maranhense 16, 23, 24, 35, 36, 37, 39, 40, 41, 42, 43, 49, 52, 55, 70, 104, 128, 144, 150, 153, 161

Maranhenses 15, 17, 23, 36, 38, 44, 47, 55, 56, 118, 133, 141, 145, 146, 153, 154

Migração 13, 20, 21, 22, 23, 24, 27, 30, 32, 34, 39, 49, 50, 56, 65, 66, 77, 90, 93, 119, 120, 124, 130, 132, 138, 140, 150, 152, 164

Migrantes 15, 20, 23, 31, 32, 33, 49, 50, 51, 53, 54, 55, 56, 89, 90, 104, 117, 118, 120, 125, 128, 131, 135, 145, 150, 163

Momento 17, 29, 33, 38, 46, 47, 55, 57, 65, 73, 74, 78, 80, 81, 85, 87, 88, 91, 94, 95, 98, 99, 106, 108, 109, 115, 117, 119, 134, 138

Mudanças 19, 20, 27, 29, 30, 33, 34, 51, 52, 68, 73, 74, 77, 78, 79, 83, 92, 99, 101, 119, 120, 121, 124, 125, 126, 127, 129, 135, 136, 142, 151, 161

Mundo 11, 15, 19, 20, 22, 23, 34, 36, 37, 47, 48, 52, 58, 60, 63, 65, 66, 67, 68, 73, 74, 75, 77, 78, 79, 80, 81, 82, 83, 85, 86, 92, 93, 94, 97, 98, 108, 109, 113, 114, 118, 123, 124, 127, 129, 140, 141, 142, 143, 145, 147, 150, 151, 152, 156

## N

Narrador 58, 62, 63, 64, 69, 96, 98, 99, 102, 103, 107, 108, 113, 114, 115, 116, 117, 121, 123, 125, 129, 130, 136, 138, 139, 151

Narrativa 16, 17, 19, 21, 24, 43, 44, 45, 46, 47, 50, 51, 55, 57, 58, 59, 60, 61, 62, 63, 64, 66, 67, 68, 69, 70, 71, 78, 83, 85, 86, 87, 89, 92, 97, 98, 99, 102, 103, 105, 106, 108, 109, 112, 113, 114, 115, 116, 117, 120, 121, 122, 123, 125, 126, 133, 134, 137, 138, 141, 144, 145, 151, 153, 155, 157, 158, 160, 161

Nordeste 16, 22, 31, 32, 33, 34, 41, 42, 46, 47, 48, 50, 89, 103, 104, 114, 125, 150

## O

Ocupação 23, 24, 29, 30, 33, 35, 41, 42, 43, 44, 45, 49, 53, 54, 124, 125, 126, 128, 139, 156, 158, 164

## P

Parte 21, 22, 32, 33, 34, 35, 36, 39, 41, 43, 45, 53, 58, 63, 65, 66, 73, 74, 75, 77, 78, 81, 82, 90, 93, 95, 97, 98, 99, 104, 105, 107, 112, 113, 119, 123, 139, 141, 152

Participantes 15, 16, 19, 20, 21, 24, 65, 85, 87, 88, 89, 90, 91, 96, 97, 99, 103, 104, 107, 110, 114, 120, 137, 146, 149, 150, 151, 152, 153

Passado 15, 16, 20, 22, 30, 56, 57, 59, 62, 65, 68, 76, 80, 81, 108, 110, 113, 114, 119, 129, 130, 135, 137, 138, 140, 142

Perspectiva 19, 24, 25, 28, 29, 32, 54, 59, 61, 74, 75, 76, 79, 83, 85, 88, 91, 93, 94, 96, 99, 103, 105, 113, 120, 127, 129, 153, 157, 159, 163, 164

Pertencimento 15, 23, 76, 77, 92, 101, 111, 134, 136, 138, 139, 140, 141, 142, 144, 145, 146, 147, 151, 152, 153, 164

Pesquisa 9, 15, 17, 19, 20, 21, 22, 23, 24, 25, 31, 34, 39, 43, 50, 52, 54, 56, 58, 59, 60, 62, 64, 65, 70, 71, 83, 85, 86, 87, 88, 89, 90, 91, 95, 96, 101, 103, 104, 117, 129, 138, 140, 149, 150, 151, 152, 153, 155, 158, 160, 162

Pessoa 47, 74, 85, 94, 96, 97, 99, 103, 104, 106, 107, 108, 109, 110, 112, 114, 116, 121, 124, 126, 132, 134, 135, 136, 138

População 28, 29, 30, 31, 32, 33, 34, 36, 39, 46, 49, 50, 51, 53, 90, 122, 123, 124, 130, 133, 138, 146, 151, 164

Posições 19, 24, 36, 77, 78, 81, 88, 89, 96, 97, 110, 112, 116, 119, 122, 128, 129, 133, 140, 151, 152

Povo 15, 17, 20, 22, 23, 27, 29, 43, 47, 48, 49, 51, 58, 66, 112, 113, 114, 123, 124, 125, 126, 131, 134, 143, 150

Práticas 17, 19, 21, 22, 23, 25, 39, 47, 56, 64, 79, 80, 83, 95, 96, 107, 110, 114, 117, 126, 128, 133, 145, 146, 152, 154, 155, 157, 161, 162, 163

Presente 9, 15, 16, 19, 22, 23, 27, 32, 39, 44, 56, 57, 58, 65, 68, 76, 80, 81, 85, 108, 111, 114, 119, 121, 129

Processo 15, 16, 19, 20, 21, 22, 23, 24, 25, 27, 28, 29, 30, 33, 37, 38, 39, 41, 43, 46, 48, 51, 54, 55, 56, 58, 60, 65, 66, 67, 68, 74, 75, 77, 78, 79, 80, 82, 85, 87, 88, 91, 93, 94, 105, 110, 113, 117, 119, 121, 122, 123, 124, 125, 126, 127, 128, 130, 131, 133, 135, 136, 137, 138, 139, 140, 141, 142, 143, 144, 145, 146, 149, 151, 152, 153, 155, 156, 158

Processo de construção 22, 25, 56, 65, 75, 105, 138, 149, 151, 155

Produção 19, 20, 21, 22, 24, 36, 38, 39, 46, 52, 53, 62, 65, 67, 68, 77, 80, 82, 95, 133, 137, 140, 150, 163

# R

Realidade 9, 15, 21, 22, 25, 36, 52, 54, 56, 59, 61, 66, 71, 75, 79, 85, 88, 90, 94, 109, 110, 111, 113, 114, 118, 145, 150

Referenciação 21, 25, 93, 94, 95, 96, 101, 102, 110, 114, 130, 134, 149, 156, 160, 161, 162

Região 15, 16, 20, 21, 22, 23, 24, 27, 31, 32, 33, 34, 36, 38, 39, 40, 41, 42, 43, 44, 45, 46, 47, 48, 49, 50, 51, 52, 53, 54, 55, 67, 70, 89, 90, 93, 104, 106, 114, 115, 120, 122, 123, 124, 125, 128, 130, 131, 132, 133, 136, 142, 143, 149, 150, 151, 153

Relação 19, 20, 25, 28, 31, 38, 39, 41, 45, 53, 59, 67, 73, 74, 80, 81, 82, 90, 93, 94, 95, 96, 97, 98, 99, 103, 106, 107, 114, 115, 116, 117, 118, 119, 121, 123, 125, 130, 131, 134, 136, 137, 138, 141, 142, 144, 150, 151, 152

Rio de Janeiro 29, 49, 108, 155, 156, 158, 159, 161, 162, 163

## S

São Paulo 29, 30, 31, 32, 33, 55, 108, 155, 156, 157, 160, 161, 162, 163

Sentido 20, 29, 30, 32, 35, 38, 39, 41, 51, 57, 58, 59, 60, 67, 68, 74, 76, 81, 82, 83, 85, 87, 94, 95, 96, 97, 101, 104, 105, 106, 108, 110, 112, 113, 114, 116, 120, 121, 123, 124, 126, 128, 129, 130, 131, 135, 136, 137, 140, 147

Social 15, 17, 19, 22, 23, 24, 25, 27, 29, 31, 37, 38, 39, 46, 47, 48, 53, 57, 58, 59, 60, 61, 63, 64, 67, 68, 69, 70, 71, 73, 74, 75, 76, 77, 78, 79, 81, 82, 85, 86, 90, 93, 94, 95, 96, 97, 103, 105, 106, 107, 108, 112, 113, 114, 115, 116, 119, 120, 122, 123, 125, 126, 128, 129, 130, 133, 135, 136, 137, 140, 141, 142, 143, 145, 147, 149, 150, 151, 154, 155, 156, 161, 162, 163

Sociedade 15, 17, 20, 23, 24, 27, 28, 29, 31, 32, 36, 37, 39, 42, 51, 53, 55, 57, 58, 63, 64, 69, 73, 74, 76, 79, 80, 82, 115, 122, 128, 137, 139, 146, 151, 152

Sul 3, 4, 15, 16, 20, 21, 22, 23, 24, 27, 29, 31, 32, 34, 38, 39, 40, 42, 43, 44, 45, 47, 48, 49, 51, 52, 54, 55, 67, 68, 90, 104, 114, 116, 117, 118, 122, 124, 125, 126, 128, 132, 133, 143, 144, 150, 156, 157, 162, 164

Sul do Maranhão 3, 4, 15, 16, 20, 21, 22, 27, 32, 34, 42, 43, 44, 45, 47, 48, 51, 52, 54, 55, 67, 68, 104, 114, 122, 124, 125, 126, 133, 144, 150, 156, 157, 162

## T

Tempo 15, 17, 22, 25, 36, 37, 43, 47, 48, 52, 55, 57, 58, 59, 60, 63, 68, 73, 75, 76, 77, 78, 80, 81, 90, 97, 98, 99, 101, 103, 105, 106, 107, 108, 110, 113, 114, 116, 117, 119, 120, 121, 125, 126, 127, 128, 140, 141, 146, 151, 152, 153, 157, 161, 162

Tempo e espaço 98, 103, 105, 106, 110, 114, 116, 119

Terra 16, 22, 23, 29, 32, 39, 41, 43, 45, 46, 48, 49, 50, 52, 53, 54, 55, 104, 120, 131, 132, 133, 134, 137, 142, 145, 146, 152, 157

Território 15, 27, 28, 29, 33, 34, 35, 36, 37, 41, 45, 49, 52, 54, 92, 111, 128, 139, 156, 158

Texto 16, 17, 24, 25, 60, 63, 65, 68, 86, 91, 93, 94, 95, 104, 105, 121, 125, 137, 155, 157, 158, 160, 161, 163

Trabalho 9, 15, 16, 19, 20, 23, 31, 35, 38, 41, 45, 46, 50, 51, 53, 54, 57, 58, 60, 62, 63, 65, 66, 75, 78, 81, 83, 87, 111, 112, 113, 124, 130, 131, 135, 150, 153

SOBRE O LIVRO
Tiragem: 1000
Formato: 16 x 23 cm
Mancha: 12,3 x 19,3 cm
Tipologia: Times New Roman 11,5/12/16/18
Arial 7,5/8/9
Papel: Pólen 80 g (miolo)
Royal Supremo 250 g (capa)